나도
창업할 수
있을까?

Cafe Brunch & Italian Cuisine

창업을 위한

카페 브런치 & 이태리요리 전문가

교육부 소관 비영리공익법인
(사)한국식음료외식조리교육협회

www.ncook.or.kr

백산출판사

Prologue

대한민국 외식업계는 '세계화'라는 단어를 꺼내는 것이 새삼스럽게 느껴질 정도로 전국 어디서나 어렵지 않게 여러 나라의 음식을 즐길 수 있습니다. 외국의 새로운 음식이 국내에서 상품으로서의 가치를 높이기 위해서는 한국인의 입맛에 맞게 현지화(localization)를 거치는 것이 필수적입니다. 이를 통해 다양한 메뉴를 기획하고 개발하는 긍정적인 효과를 거둘 수 있을 것입니다. 반면, 이름만 이국적이고 메뉴가 가지고 있는 본래의 특성을 반영하지 못하는 정체불명의 메뉴가 될 수도 있습니다.

본서에서 다루는 카페 브런치요리(Cafe Brunch Cuisine)와 이태리요리(Italian Cuisine)는 메뉴명이나 조리용어부터 익숙하지 않기 때문에 셰르파(Sherpa)처럼 전문가의 체계적인 가르침을 통해 서두에서 언급한 시행착오를 줄일 수 있을 것입니다. 이에 수십 년간 조리인으로서의 기술연마와 교육현장에서의 생생한 기술전수경험을 바탕으로 대한민국 요리교육을 대표하는 협회라는 자부심과 책임감을 가지고 본 교재를 출판하게 되었습니다. 대한민국 요리교육기관의 기관장들로 구성된 본 협회는 요리 및 창업교육 외에도 커리큘럼개발, 교재개발, 민간자격시험시행 및 자격증을 원스톱(One-stop)으로 발행하고 있습니다. 이와 같이 조직적이고 체계적인 협회의 지원 아래 창업자들에게 든든한 경영지원의 파트너가 될 것이라 확신합니다.

(사)한국식음료외식조리교육협회는 현재까지 한국산업인력공단의 출제동향 및 채점기준과 최신 검정자격기준을 중심으로 많은 수험서적 및 전문서적을 출간해 왔습니다. 한식조리기능사, 양식조리기능사, 조리기능사 학과교재 및 문제집, 일식 · 중식 · 복어조리기능사 수험서적에 이어 '카페 브런치 & 이태리요리 전문가'를 출간하게 된 것을 기쁘게 생각하며, 본서가 독자 여러분에게 많은 도움이 되기를 희망합니다. 본서는 크게 Part 1 이론과 Part 2 실기로 나누어 구성하였으며, Part 2의 제1장에서는 카페 브런치요리를, 제2장에서는 이태리요리를 다루었습니다.

많은 시간을 들여 최선을 다해 집필하였지만 미비한 부분도 있을 것이라 생각합니다. 부족한 부분은 독자 여러분의 충고와 조언에 귀 기울일 것이니 언제든지 (사)한국식음료외식조리교육협회로 문의해 주시면 감사하겠습니다.

전국의 (사)한국식음료외식조리교육협회 회원 및 협회 산하 교재편찬자문위원 민경천 교수님의 격려와 노고에 깊은 감사를 드립니다. 또한 본서가 출판되기까지 아낌없는 성원과 물심양면으로 도움을 주신 백산출판사 진욱상 사장님을 비롯하여 관계자 여러분께 깊은 감사를 드립니다.

마지막으로 본서가 독자 여러분에게 많은 도움이 되기를 기원합니다.

(사)한국식음료외식조리교육협회 회장 **홍명희**

Contents

Chapter 2 이태리요리 *Italian Cuisine*

(사)한국식음료외식조리교육협회 교재 편집위원명단

No	지역	훈련기관명	기관장	전화	홈페이지
1	서울	동아요리기술학원	김희순	02-2678-5547	http://dongacook.kr
2		배윤자요리연구소	배윤자	02-488-7390	
3		윤옥희요리직업전문학교	윤종희	02-996-1425	http://www.okyooncook.com
4		한빛요리직업전문학교	이은미	1577-5269	http://www.hanbitcook.co.kr/
5	인천	국제요리학원	양명순	032-428-8447	http://www.kukjecook.co.kr
6		다인요리학원	이은미	032-875-5266	
7		부평외식조리전문학원	안인자	032-526-5000	http://cik.co.kr
8		상록호텔조리전문학교	윤금순	032-544-9600	www.sncook.or.kr
9		아시아전문요리학원	강정림	032-762-5959	http://asiacook.kr
10		제일요리학원	유재경	032-425-8922	http://ijeilcook.modoo.at
11	강원도	김희진요리제과제빵커피전문학원	김희진	033-252-8607	http://www.김희진요리제과제빵커피전문학원.kr
12		삼척요리제과제빵직업전문학교	조순옥	033-574-8864	http://www.gcb.or.kr
13	경기도	경기외식직업전문학교	박은경	031-278-0146	http://www.kimcook.kr
14		김미연요리제과제빵학원	김미연	031-595-0560	http://www.2000cook.co.kr
15		동경요리학원	최종선	031-638-1223	http://www.tdcook.com
16		동두천요리학원	최숙자	031-861-2587	
17		마음쿠킹클래스학원	김미혜	031-773-4979	http://www.bucheoncook.com
18		부천조리제과제빵직업전문학교	김명숙	032-611-1100	http://www.cookiecook.co.kr
19		수원외식관광전문학교	전희정	031-238-3939	http://www.jacook.net
20		안산중앙요리제과제빵학원	육광심	031-410-0888	http://cafe.daum.net/cooking-academy
21		용인요리제과제빵학원	김복순	031-338-5266	http://www.wocook.co.kr

(사)한국식음료외식조리교육협회 교재 편집위원명단

No	지역	훈련기관명	기관장	전화	홈페이지
22	경기도	월드호텔요리제과커피학원	이영호	031-216-7247	http://cookncookie.co.kr
23		유경희요리제과실용전문학교	유경희	1577-6026	http://www.ejcook.co.kr
24		은진요리학원	이민진	031-292-9340	http://www.leecook.co.kr
25		이봉춘 셰프 실용전문학교	이봉춘	031-916-5665	http://www.icheoncook.co.kr
26		이천직업전문학교	김미섭	031-635-7225	http://jtcook.kr
27		전통외식조리직업전문학교	홍명희	031-258-2141	http://www.han5200.or.kr
28		한선생직업전문학교	나순흠	031-255-8586	http://blog.naver.com/hcook2002
29		한양요리학원	박혜영	031-242-2550	http://hanjoocook.co.kr
30		한주요리제과커피직업전문학교	정임	032-322-5250	
31	경상도	거창요리제과제빵학원	정현숙	055-945-2882	http://naver.me/5VWMJY6H
32		경주중앙직업전문학교	전경애	054-772-6605	https://njobschool.co.kr
33		국제요리직업전문학교	김혜인	051-553-1763	www.kukjeyori.com
34		김천요리제과직업전문학교	이희해	054-432-5294	http://www.kimchencook.co.kr
35		김해요리제과제빵직업전문학교	이정옥	055-331-7770	http://www.khcook.co.kr
36		뉴영남요리제과제빵아카데미	박경숙	055-747-5000	https://blog.naver.com/newyncooki
37		상주요리제과제빵학원	안선희	054-536-1142	http://blog.naver.com/ashk0430
38		세종신라외식전문학교	배승근	053-422-5706	
39		영지요리아카데미	김경린	055-321-0447	http://www.ygcook.com
40		울산요리학원	박성남	052-261-6007	http://ulsanyori.kr
41		으뜸요리전문학원	김민주	055-248-4838	http://www.cookery21.co.kr
42		일신요리전문학원	이윤주	055-745-1085	http://www.il-sin.co.kr

(사)한국식음료외식조리교육협회 교재 편집위원명단

No	지역	훈련기관명	기관장	전화	홈페이지
43	경상도	전윤숙조리직업전문학교	전윤숙	055-759-8133	http://www.jyscook.com
44		진주스페셜티커피학원	한선중	055-745-0880	http://cafe.naver.com/jsca
45		춘경요리커피직업전문학교	이선임	051-207-5513	http://www.5252000.co.kr
46		통영조리직업전문학교	황영숙	055-646-4379	
47		포항중앙요리 오거리점 학원	이희교	054-278-5110	http://www.pohangcook.co.kr
48	충청도	세계쿠킹베이커리	임상희	043-223-2230	http://www.sgcookingschool.com
49		아산요리전문학원	조진선	041-545-3552	
50		엔쿡당진요리학원	진민경	041-355-3696	https://cafe.naver.com/dangjin3696
51		엔쿡천안요리직업전문학교	박문수	041-522-5279	http://www.yoriacademy.com
52		충북요리제과제빵전문학원	윤미자	043-273-6500	http://cafe.daum.net/chungbukcooking
53		한정은요리학원	한귀례	041-673-3232	
54		홍명요리학원	강병호	042-226-5252	http://www.cooku.com
55	제주도	김지순요리제과직업전문학원	조수경	064-744-3535	http://www.jejucook.co.kr
56	전라도	궁전요리제빵미용직업전문학교	김정여	063-232-0098	http://www.gj-school.co.kr
57		세종요리전문학원	조영숙	063-272-6785	http://www.sejongcooking.com
58		이영자요리제과제빵학원	배순오	063-851-9200	http://www.leecooking.co.kr
59		예미요리직업전문학교	허이재	062-529-5253	www.yemiyori.co.kr

Cafe Brunch & Italian Cuisine

Part 1
이론편

1. 조리용어

* **그릴(Grill) :** 가스 또는 숯의 열원으로 달궈진 무쇠에 직접 열을 가하여 조리하는 방법으로 재료 겉부분의 색상 및 즙을 보호할 수 있고 좋은 향을 얻을 수 있다.
* **까르보나라(Carbonara) :** 파스타에 판체타와 달걀, 치즈, 통후추 등을 넣어 만든 이탈리아 전통 파스타이다. 클래식한 까르보나라 파스타에는 생크림을 넣지 않는다.
* **뇨끼(Gnocchi) :** 이탈리아 대표 요리로 감자를 주재료로 하여 세몰리나 밀가루를 여러 가지 형태로 반죽하여 조리하며, 우리나라의 수제비와 비슷하다.
* **다이스(Dice) :** 채소를 주사위처럼 사각형으로 써는 것으로, 일반적으로 가로 · 세로 1cm 크기이다. 스몰다이스는 0.5~0.6cm, 미디엄 다이스는 1~1.2cm, 라지 다이스는 1.5~2cm를 말한다.
* **데글라세(Deglace) :** 육류나 채소 등을 볶고 나서 팬에 붙어 있는 잔여물을 와인이나 코냑, 스톡 등을 넣고 긁어서 소스 등으로 이용한다.
* **데미글라스 소스(Demiglace Sauce) :** 브라운 계열 소스의 대표적인 모체(母體)소스로 브라운 소스를 반으로 조린 것을 말한다.
* **드레싱(Dressing) :** 드레스가 자연스럽게 흘러내린다는 의미로 샐러드에 풍미를 돋우기 위하여 끼얹는 소스이다.
* **라구 소스(Ragu Sauce) :** 볼로네제(Bolognese) 소스와 같은 의미로 불리며 이탈리아의 전통적인 고기가 들어간 미트소스이다.

* 라따뚜이(Ratatouille) : '음식을 섞다, 휘젓다'의 뜻을 가지고 있으며 여러 가지 채소(양파, 가지, 호박, 피망, 토마토 등)에 올리브오일과 허브를 넣고 만드는 스튜이다.

* 로스트(Roast) : 건식열 조리방법으로 오븐에서 육류나 가금류, 생선 등을 구워내는 조리방법이다.

* 리소토(Risotto) : 쌀을 이용한 요리로 볶으면서 육수와 와인 등을 조금씩 넣어가며 끓이는 이탈리아 전통음식이다. 볶음밥보다 질고, 죽보다 되직하다.

* 리오네즈 소스(Lyonnaise Sauce) : 양파가 많이 재배되는 프랑스 리옹의 지명에서 유래되었으며 브라운 소스에 양파, 식초, 와인 등을 넣고 만드는 소스이다.

* 마르게리타(Margherita)피자 : 이탈리아 나폴리 지방의 대표적인 피자로 토마토와 모차렐라 치즈, 바질 등을 이용하여 만드는 피자이다.

* 마리네이드(Marinade) : '재운다'는 의미로 육류나 생선 등에 조리하기 전에 풍미를 위해 올리브오일, 와인, 허브 등에 절여 놓는 것을 의미한다.

* 머랭(Meringue) : 달걀흰자나 크림을 이용하여 거품을 일으키는 것을 의미한다.

* 몽테(Monte) : 주로 오일이나 버터를 이용하여 소스의 농도를 조절하고 풍미를 높여주는 조리방법이다.

* 미네스트로네(Minestrone) : 작게 자른 다양한 채소에 파스타나 쌀을 넣어 걸쭉하게 끓이는 이탈리아의 채소 수프이다.

* 미르뽀와(Mire-poix) : 소스, 수프, 스톡 등의 풍미를 높이기 위해 양파,

당근, 셀러리, 월계수 잎을 사용하는데 이를 지칭하는 말이다.

* 배터(Batter) : 밀가루와 같은 반죽 가루에 수분을 첨가하여 걸쭉하게 만드는 반죽이다. 튀김반죽, 팬케이크반죽 등

* 보일(Boil) : '삶거나 끓이다'라는 의미로 액체에서 재료를 익히는 방법이다.

* 봉골레(Vongole) : 이탈리아어로 조개를 뜻하며, 조개국물과 올리브오일을 파스타에 넣어 조리하는 담백하고 깔끔한 인기 파스타 중 하나이다.

* 부야베스(Bouillabaisse) : 프랑스 마르세유 지방의 전통적인 요리로 생선, 해산물, 감자, 양파, 마늘, 샤프론 등을 넣고 자작하게 끓인 수프이다.

* 블랜치(Blanch) : '데치다'라는 의미로 끓는 물이나 기름에 짧은 시간 익혀 내는 것이다.

* 브루스케타(Bruschetta) : 바게트 빵과 같은 납작한 빵 위에 치즈나 과일, 채소 등을 소스에 양념하여 얹은 음식이다. 주로 간식이나 리셉션, 술안주 등으로 이용한다.

* 살사(Salsa) : 스페인어로 '소스'라는 뜻이며 토마토 베이스에 매콤한 재료(할라피뇨 등), 허브 등을 첨가해서 딥 소스로 주로 이용한다.

* 세그먼트(Segment) : 오렌지나 레몬의 껍질을 제거하고 과육만 도려내는 방법이다.

* 샌드위치(Sandwich) : 카드게임을 좋아하는 영국의 백작 이름으로, 식사시간조차 아까워 빵에 갖은 재료를 넣고 만들어 허기를 채운 것에서 유래되었다. 다양한 빵에 다양한 식재료와 소스를 넣어 만든다.

* 소테(Saute) : 건식열 조리방법으로 고온으로 달구어진 팬에 식재료를 빠른 시간 내에 살짝 볶는 조리방법이다.

* 수프(Soup) : 스톡에 재료를 넣고 끓여 양념한 것으로 다양한 식재료를 활용할 수 있다. 온도에 따라서는 뜨거운 수프와 차가운 수프로 구분하며, 농도에 따라서는 맑은 수프와 걸쭉한 수프로 구분한다.
* 쉘(Shell) : '껍질', '껍데기'라는 뜻으로, 충전물을 넣는 반죽 모양을 말한다.
* 스웨이트(Sweat) : 기름이나 채소에서 나오는 수분을 이용하여 약한 불에서 부드럽게 조리하는 것이다.
* 스크램블(Scramble) : 달걀을 저어가며 익히는 것을 의미한다.
* 스파게티(Spaghetti) : '국수'와 비슷하며 세몰리나 밀가루를 이용한 파스타이다.
* 스쿱(Scoop) : 아이스크림이나 과일 등을 동그란 모양으로 떠내는 기구를 말한다.
* 스킴(Skim) : 소스, 수프, 육수 조리 시 불순물과 거품을 제거하는 조리방법이다.
* 스톡(Stock) : 육류, 생선, 채소, 뼈 등에 물을 붓고 우려낸 국물을 의미한다.
* 스트레인(Strain) : '거르다'라는 의미로 식재료를 체나 소창에 걸러내는 방법이다.
* 스프레드(Spread) : 주로 빵에 소스를 바르는 행위를 의미한다.
* 시머(Simmer) : 비등점 이하의 낮은 온도에서 은근히 끓이는 방법이다. 소스나 육수를 조리할 때 사용한다.
* 시어(Sear) : 센 불에서 육류나 가금류, 생선을 빠른 시간에 표면을 갈색으로 굽는 방법이다. 시어를 통해 육즙의 드립(Drip)을 줄일 수 있다.

* 시저샐러드(Caeser Salad) : 로메인 상추에 달걀과 안초비, 올리브오일, 마늘 등을 넣은 드레싱으로 버무리는 샐러드이다.
* 시즈닝(Seasoning) : '양념하다', '간하다'라는 의미를 가지고 있으며, 허브나 소금, 후추 등을 첨가하는 것을 뜻한다.
* 아라비아타(Arabiatta) : '화가 나다'라는 이탈리아어로 토마토 소스에 페페론치노를 넣어 맵게 만든 파스타 소스이다.
* 아란치니(Arancini) : 이탈리아의 '주먹밥'이라는 의미로 빵가루를 입혀 튀긴다.
* 알덴테(Al dente) : 파스타를 씹는 맛이 살아 있도록 삶는 것을 말한다.
* 에그 베네딕트(Egg Benedict) : 잉글리시 머핀에 포치(Poach)한 달걀을 올리고 홀랜다이즈 소스를 곁들여 먹는 조식 메뉴이다.
* 에멩세(Emincer) : 양파, 당근과 같은 채소를 얇게 저미는 것을 의미한다.
* 오믈렛(Omelette) : 대표적인 미국식 조식메뉴로 달걀을 스크램블하여 타원형으로 말아 익히는 것을 말한다.(치즈, 버섯, 채소, 햄, 베이컨 등)
* 웨지(Wedge) : 채소 등을 브이(V)자 형태로 자르는 것을 말한다.(예_감자를 길게 8등분한 초승달 모양)
* 제스트(Zest) : 오렌지나 레몬 껍질을 얇게 벗겨내는 것을 말한다. 제스터(Zester)를 사용하면 편리하며 음식의 향을 내기 위해 사용한다.
* 쥘리앙(Julienne) : 식재료를 0.3×0.3×6cm의 길이로 써는 방법이다.
* 치폴레 소스(Chipotle Sauce) : 훈연된 매운 고추를 사용하여 식초와 허브 등으로 만든 매운 소스로 주로 햄버거나 타코, 또띠아에 사용한다.

* 찹(Chop) : 아쉐(Hacher)라고도 하며 식재료를 잘게 다지는 방법이다.
* 캐러멜라이즈(Caramelize) : 조리 시 식재료에 설탕 등의 당성분을 활용하여 갈색이 될 때까지 가열하는 방법이다.
* 카로짜(Carrozza) : '튀기다'라는 뜻으로 빵에 치즈를 넣어 굽거나 튀긴 이탈리아 요리이다.
* 카르토치오(Cartoccio) : '종이주머니'라는 이탈리아어로 생선에 채소와 허브 등을 넣고 유산지나 호일에 싸서 오븐에서 굽는 요리이다.
* 카프레제(Caprese) : 토마토와 모차렐라 치즈, 바질 등을 넣어 만들며 이탈리아 카프리섬에서 유래된 음식이다. 전채요리와 샐러드요리의 코스로 혼용해서 사용할 수 있다.
* 커틀렛(Cutlet) : 육류나 가금류, 생선을 얇게 두들겨 빵가루를 입혀 기름에 튀기는 방법을 말한다.
* 콥 샐러드(Cobb Salad) : 다양한 식재료(아보카도, 오이, 달걀, 토마토, 올리브, 가금류 등)를 이용하여 드레싱에 버무려 먹는 미국식 샐러드이다.
* 콩피(Confit) : 오리나 거위고기와 같이 지방이 많은 고기를 자체에서 나오는 지방으로 약한 불에서 천천히 익히는 프랑스식 조리방법이다. 지방이 부족할 경우 올리브오일을 같이 넣고 조리할 수도 있다.
* 퀘사디아(Quesadilla) : 멕시코 요리로 또띠아에 치즈와 다양한 식재료를 넣고 구워 반으로 접거나 한 장을 더 포개서 만든 음식이다.
* 크레페 수제트(Crepe Suzette) : 밀가루에 달걀, 우유 등을 반죽하여 얇게 부쳐 오렌지 소스에 끓인 프랑스식 디저트이다.
* 크루통(Crouton) : 빵을 자르고 버터를 바른 후 굽거나, 기름에 튀겨 샐러

드에 곁들여주는 음식이다.

* **타르트(Tart)** : 쉘(Shell)에 충전물을 채워 구운 파이이다.

* **토핑(Topping)** : 요리에 소스를 끼얹거나 곁들이는 재료들을 마지막에 채운다는 의미이다.

* **트리밍(Trimming)** : 육류나 가금류, 생선 등의 지방과 힘줄을 제거하는 작업을 뜻한다.

* **파니니(Panini)** : 이탈리아식 샌드위치로 빵 사이에 재료를 간단하게 넣고 만든 샌드위치를 의미한다. 국내에서는 재료를 꽉 채워 파니니 그릴에 구워 만드는 미국식 파니니가 일반적이다.

* **판나 코타(Panna Cotta)** : 생크림과 설탕, 바닐라에 젤라틴으로 굳힌 푸딩이다.

* **팬 프라이(Pan Fry)** : 소테(Saute)와 유사하지만 그보다 온도는 낮고 조리시간은 길며, 충분한 기름으로 볶는 조리방법이다.

* **페스토(Pesto)** : 가열하지 않고 재료를 블렌더에 갈거나 빻아서 만드는 소스이다. 대표적으로 바질페스토가 유명하며 주재료의 풍미를 올려준다.

* **포치(Poach)** : 물이나 스톡을 비등점 이하에서 조리하는 방법이다. 끓임과 데침의 사이에서 이루어지는 조리방법이다.

* **퓨레(Puree)** : 다양한 채소나 곡물류 등을 삶아 걸쭉하게 만드는 것을 말한다. 이를 다시 농축하면 페이스트가 된다.

* **프리타타(Frittata)** : 달걀물에 육류, 가금류, 치즈, 채소 등을 넣고 익히는 이탈리아식 오믈렛이다.

* **플랑베(Flambe)** : 재료 특유의 잡냄새를 제거하거나 소스에 높은 온도의

코냑이나 브랜디를 넣어 센 불에서 휘발시키는 방법이다. 좋지 않은 냄새를 없앨 수 있다.

* 필(Peel) : 채소나 과일의 껍질을 벗기는 것을 말한다.
* 필링(Filling) : 재료에 충전물을 채우는 것을 의미한다.
* 홀랜다이즈 소스(Hollandaise Sauce) : 네덜란드 소스라고 하며 달걀노른자에 버터와 허브에센스를 중탕으로 조리하는 소스이다. 달걀, 생선, 채소에 어울린다.
* 훔무스(Hummus) : 병아리콩을 으깨어 타히니, 올리브오일, 레몬즙 등을 넣어 만든다. 이집트와 중동 지역에서 전채요리나 피타의 딥 소스 형태로 먹는다.

2. 식재료용어

* **가람 마살라(Garam Masala)** : '매운 혼합물'이라는 뜻으로 계피, 카다몬, 큐민, 후추 등의 다양하고 매콤한 허브를 섞어 놓은 향신료이다.
* **가지(Eggplant)** : 보라색의 껍질과 부드러운 식감이 특징이며, 동양뿐 아니라 서양요리에도 널리 활용되고 있다.
* **감자(Potato)** : 4대 식량작물인 쌀, 밀, 옥수수와 더불어 부식 재료로 쓰임새가 다양하며 삶거나 튀기고 혹은 구워 먹기도 한다.
* **감초(Licorice Root)** : 화한 맛과 단맛이 특징이며 음식뿐 아니라 한방 약재로도 널리 사용된다. 주로 아시아 지역에서 많이 사용한다.
* **강황(Turmeric)** : 생강과에 속하며 주로 카레요리에 많이 사용된다.
* **겨자 잎(Mustard Leaf)** : 특유의 향과 매운맛을 가지고 있으며 쌈 또는 샐러드의 재료로 활용된다.
* **계피(Cinnamon)** : 후추, 정향과 함께 세계 3대 향신료라고 하며, 달고 매운맛이 들어 있어 주로 차나 육수 조리, 한방재료에 활용한다.
* **고르곤졸라 치즈(Gorgonzola Cheese)** : 블루치즈로 이탈리아를 대표하는 치즈이다. 톡 쏘는 맛과 단맛이 특징이다.
* **고수(Coriander)** : 특유의 향을 가지고 있어 호불호가 갈리는 향신료이다. 고기의 누린내나 잡냄새를 없애고 소스를 만드는 데 사용한다. 주로 동남아시아와 중국에서 활용도가 높다.
* **그라나파다노(Grana Padano)** : 우유를 오랜 기간 숙성시켜 만든 초경질 치즈로 고소한 풍미와 식감이 좋아 서양요리에서 많이 사용한다.

* 그린비타민(Green Vitamin) : 비타민이 풍부하고 식감이 좋은 채소로 샐러드에 주로 이용한다.
* 그린 빈(Green Beans) : 껍질 콩이라고도 하며 아삭한 식감이 좋고 섬유소와 비타민이 풍부하다. 샐러드, 수프, 주요리 곁들임에 주로 활용한다.
* 그뤼에르 치즈(Gruyere Cheese) : 스위스 치즈로 무살균 우유를 가열 압착하여 숙성시킨 하드치즈이다. 향이 강하고 짠맛과 부드러운 감촉이 특징이다.
* 깻잎(Sesame Leaf) : 향이 강하고 부드러운 식감을 가지고 있으며, 쌈이나 페스토, 토핑, 튀김, 절임 등의 요리에 활용한다.
* 꿀(Honey) : 꿀벌이 꽃에서 빨아내어 축적한 감미료로 당분을 많이 함유하고 있어 설탕 대신 유용하게 쓰이는 고급 식재료이다.
* 넛멕(Nutmeg) : 육두구로 불리며 매콤하고 달콤한 향이 나는 향신료이다.
* 느타리버섯(Oyster Mushroom) : 세계적으로 분포하며 서양에서는 수프나 샐러드, 주요리 곁들임에 사용하고 국내에서는 국거리나 찬, 전골용으로 활용한다.
* 단호박(Sweet Pumpkin) : 단단한 껍질 속에 당도가 높은 과육을 가지고 있고 노화 억제와 성인병 예방에 좋다. 죽, 수프, 샐러드, 찜 등의 요리에 활용한다.
* 달걀(Egg) : 단백질이 풍부하여 성장기 어린이나 운동선수들에게 도움이 되며 전 세계적으로 가장 많이 사용되는 식재료이기도 하다. 달걀을 이용한 음식은 무궁무진하다.
* 당근(Carrot) : 비타민 A의 황제라고 불릴 정도로 영양소가 다양하고 요리

재료로 널리 활용된다.

* 닭 가슴살(Chicken Breast) : 단백질이 풍부하고 지방이 적어 다이어트 음식으로 인기가 좋으며, 전 세계에서 요리재료로 널리 활용되고 있다.

* 대파(Leek) : 잎, 줄기, 뿌리까지 버릴 게 없을 정도로 각종 요리에 활용되고 있으며 면역력 강화와 콜레스테롤 조절에 효과가 좋은 재료이다.

* 딜(Dill) : 주로 생선과 해산물 요리에 사용되며 상쾌한 향이 나는 허브이다.

* 또띠아(Tortilla) : 멕시코 음식으로 밀가루나 옥수수가루를 이용하여 반죽을 만들어 다양한 식재료를 싸서 먹는 음식이다.

* 라즈베리(Raspberry) : 적색, 흑색, 자주색의 3종류가 있고 주로 적색을 재배한다. 디저트 재료로 활용하거나 잼, 술 등을 담근다.

* 레몬(Lemon) : 비타민 C와 구연산이 풍부하여 여성들이 좋아하는 재료이며 요리의 마리네이드, 음료, 화장품의 원료 등으로 활용된다.

* 렌틸(Lentil) : 렌즈 모양을 하고 있어 렌즈 콩으로도 불리고 김치, 나토, 요구르트, 올리브를 포함하여 세계 5대 식품으로 불린다. 수프나 샐러드 등에 활용된다.

* 로메인 상추(Romain Lettuce) : 로마인들이 즐겨 먹는 상추로 일반 상추보다 쓴맛이 적고 아삭한 식감이 풍부하여 샐러드의 재료로 활용된다.

* 로즈마리(Rosemary) : 강렬한 아로마 향을 가지고 있으며 요리에 다양하게 활용되는 허브이다. 또한 치료용이나 향수로도 활용되고 있다.

* 롤라로사(Lolla Rossa) : 이탈리아 상추로 적색을 띠고 있으며 곱슬곱슬한 모양을 하고 있다. 꽃상추와 유사하고 주로 샐러드 요리에 활용된다.

* 루꼴라(Rucola) : 독특한 향을 가지고 있으며 이탈리아 요리에 많이 사용

되는 채소로 샐러드나 피자 토핑 등에 활용된다.

* 링귀네(Linguine) : 파스타의 일종으로 스파게티를 눌러놓은 듯 납작한 모양이다.

* 마늘(Garlic) : 알싸한 맛과 향을 가지고 있으며 '알리신' 성분은 항암효과와 피로회복, 면역력 강화에 도움이 된다. 모든 요리에 널리 사용되는 재료이다.

* 마스카포네치즈(Mascarpone Cheese) : 크림치즈로 이탈리아에서 가장 유명한 치즈 중 하나로 유지방 함량이 높다. 이탈리아 디저트인 티라미수에 들어가는 것이 대표적이다.

* 마요네즈(Mayonnaise) : 샐러드오일과 달걀노른자, 식초 등을 이용하여 유화해서 만든 소스이다. 샌드위치나 소스에 널리 활용되는 재료이다.

* 모시조개(Clam) : 타우린과 호박산을 함유하고 있어 시원하고 감칠맛이 나는 재료이다. 주로 스톡을 우려 조리하는 방법으로 많이 활용된다.

* 모차렐라 치즈(Mozzarella Cheese) : 연질치즈로 이탈리아에서 리코타 치즈와 더불어 가장 유명한 치즈이며 요리에의 활용도 또한 높은 편이다. 전채요리, 샌드위치, 피자 등에 활용한다.

* 밀가루(Flour) : 단백질 함량에 따라 강력분, 중력분, 박력분으로 나뉘며 제과, 제빵 외에도 모든 요리에 활용되는 재료이다.

* 바게트(Baguette) : 밀가루에 물, 이스트, 소금을 조금 넣고 사용하여 가늘고 길쭉한 모양으로 껍질을 바싹하게 굽는 프랑스빵이다.

* 바나나(Banana) : 비타민 A와 C가 풍부한 열대과일이다. 날로 먹거나 샐러드, 드레싱, 주스, 튀김 등의 재료로 사용된다.

* **바닐라에센스(Vanilla Essence)** : 바닐라 향 성분을 알코올로 추출한 것으로 아이스크림이나 제과 · 제빵에 널리 사용된다.
* **바질(Basil)** : 이탈리아 요리에 주로 사용되며 부드러운 향이 좋아 페스토 소스, 차, 토핑 재료로 활용된다.
* **발사믹 식초(Balsamic Vinegar)** : 이탈리아 전통 식초로 포도즙을 나무통에 발효시켜서 만든 식초이다. 드레싱이나 소스 등에 활용한다.
* **발사믹 크림(Balsamic Cream)** : 발사믹 식초에 전분을 사용하여 걸쭉하게 만든 것이다.
* **방울토마토(Cherry Tomato)** : 일반 토마토보다 당도가 높고 영양이 높은 재료이다. 과일처럼 생것을 먹기도 하고 샐러드나 오븐구이, 소스에도 활용된다.
* **백포도주(White Wine)** : 청포도즙을 발효시켜 만든 것으로 신선하고 산뜻한 제품이 많으며 투명한 빛이 난다. 채소나 생선, 해산물 요리에 활용된다.
* **버터(Butter)** : 우유의 지방을 분리해서 크림이 되면 저어서 응고시킨 것이다. 버터는 요리에 풍미와 광택을 높여주고 소스의 질감을 좋게 한다.
* **베이컨(Bacon)** : 돼지고기의 삼겹살을 소금에 절여서 훈연법으로 조리한 것이다.
* **베이크드 빈(Baked Beans)** : 강낭콩과 토마토 등을 넣고 조리한 제품이다.
* **베이킹파우더(Baking Powder)** : 탄산수소나트륨과 전분을 혼합한 것으로 화학적 팽창제이다. 주로 빵의 반죽을 부풀게 만드는 데 이용한다.
* **병아리콩(Chick Pea)** : 이집트콩이라고도 하며 병아리의 얼굴을 닮았다고 하여 병아리콩으로 부른다. 중동지역의 주요 식용작물로 밤과 같은 고

소한 맛이 나는 것이 특징이다. 삶거나 볶아서 조리하고 수프, 카레, 샐러드, 훔무스 등에 활용한다.

* 브라운 소스(Brown Sauce) : 브라운 소스는 미르뽀와(Mire-poix)에 토마토페이스트와 스톡, 루를 이용하여 만드는 소스이다. 주요리에 재료를 달리하여 활용된다.

* 브로콜리(Broccoli) : 세계 10대 푸드(타임지 선정) 중 하나로 항암식품이며 비타민 C가 풍부하여 피부건강과 감기예방에 효과적이다. 샐러드, 주요리 곁들임, 수프, 주스 등에 활용한다.

* 빵가루(Bread Crumb) : 빵을 말려서 분쇄하여 가루로 만든 것을 말한다. 튀김요리 주재료에 입혀서 튀기면 바삭한 식감과 고소한 풍미를 높여준다.

* 사워크림(Sour Cream) : 생크림을 유산균으로 발효시켜 새콤한 맛이 나는 크림이다. 드레싱이나 빵의 스프레드로 활용된다.

* 샤프론(Saffron) : 세계에서 가장 비싼 향신료라 불릴 정도로 고가이며 물에 잘 용해되어 천연 노란색 색소로 이용한다. 수프, 소스, 제과 · 제빵에 활용된다.

* 새송이버섯(Pine Mushroom) : 큰 느타리버섯에서 품종 개량을 거쳐 새송이라는 명칭으로 불리고 있다. 식감과 수분이 풍부하여 다양한 요리에 활용된다.

* 생크림(Fresh Cream) : 우유에서 지방분을 분리한 크림으로 지방 함량에 따라 쓰임새가 다르게 활용된다. 소스, 수프, 아이스크림, 버터, 제과 등에 활용된다.

* 설탕(Sugar) : 사탕수수, 사탕무를 원료로 하여 만들어 달고 물에 잘 녹는다.

* **셀러리(Celery) :** 미나리과의 식물로 잎과 줄기 부분을 사용한다. 특유의 신선한 향이 좋으며 생으로 먹거나 즙, 부재료(스톡, 수프, 소스)로 활용된다.
* **소시지(Sausage) :** 육류나 가금류를 곱게 갈아 향신료와 부재료를 넣고 혼합하여 케이싱에 넣어 익힌 것이다.
* **쇠고기안심(Beef Tenderloin) :** 쇠고기 부위 중에 가장 부드럽고 담백하며 지방이 적어 최고급 부위로 구분된다. 주로 주요리 스테이크로 활용된다.
* **수삼(Ginseng) :** 흔히 갓 수확한 인삼을 뜻하며 사포닌과 폴리페놀을 함유하고 있어 원기회복과 면역력 증진에 효과적이다. 한방 음식이나 주스, 건강기능식품으로 활용된다.
* **슈거파우더(Sugar Powder) :** 설탕을 곱게 빻아 밀가루와 전분을 섞어 곱게 만든 가루설탕을 의미한다. 제과에 주로 활용된다.
* **스위트와인(Sweet Wine) :** 당이 2% 이상 함유된 와인을 가리킨다.
* **스위트 콘(Sweet Corn) :** 옥수수에 단맛을 첨가하여 가공한 제품이다.
* **시금치(Spinach) :** 비타민과 철분, 식이섬유가 풍부한 녹황색 채소로 남녀노소 모두에게 유익한 식재료이다. 샐러드, 조식, 주요리 곁들임 등으로 활용되며, 천연 색소로도 활용된다.
* **식초(Vinegar) :** 식초는 동서양을 막론하고 예전부터 이용되었던 발효식품으로 식품의 방부제 역할을 하며 의약용으로 다양하게 활용되고 있다. 식욕을 증진시키고 피로회복에 도움을 준다. 소스, 드레싱, 절임에 주로 활용된다.
* **식빵(Toast Bread) :** 밀가루를 이용하여 틀에 넣어 구운 것으로 토스트, 샌드위치 등에 활용된다.

* 썬 드라이 토마토(Sun Dried Tomato) : 전통적으로는 토마토를 잘라 자외선에서 장시간 건조하여 사용되어 왔지만 최근에는 낮은 온도의 오븐에서 장시간 건조해서 오일, 허브 종류와 함께 저장하여 활용되는 제품이다.

* 씨겨자(Whole Grain Mustard) : 겨자씨가 함유되어 있는 머스터드로 식초와 향신료를 첨가하여 만든 제품이다.

* 아몬드(Almond) : 단맛과 쓴맛의 두 종류가 있으며 제과 · 제빵 재료와 요리의 토핑으로 많이 활용되고 있다.

* 아보카도(Avocado) : 과육은 부드럽고 독특한 향기가 나며, 영양가가 높은 과일로 알려져 있다. 소스나 샐러드, 샌드위치, 아보카도 크림 등의 재료로 쓰인다.

* 아스파라거스(Asparagus) : 숙취에 좋은 아스파라긴산이 풍부하며 담백하고 아삭한 식감이 특징이다. 생으로 섭취하거나 데치기, 굽기, 튀김 등으로 조리한다.

* 알감자(Baby Potato) : 일반 감자보다 3~4배 작으며 껍질이 얇으므로 깨끗이 씻어 껍질째 조리해서 섭취해도 된다. 주요리와 달걀요리의 곁들임 재료로 활용된다.

* 애플민트(Apple Mint) : 사과향과 박하향이 나며 소화불량과 피로회복에 효과가 있다. 육류, 생선, 달걀, 디저트 요리에 활용되며 비누나 목욕재로도 쓰인다.

* 애호박(Squash) : 덜 자란 어린 호박으로 소화흡수와 치매예방, 두뇌개발의 효능이 있으며 수프, 주요리 등으로 쓰임새가 다양하다.

* 안초비(Anchovy) : 청어과에 속하며 염도를 높여 저장하는 국내의 멸치젓과 비슷하다. 전채요리나 소스 등에 활용한다.

* 양상추(Lettuce) : 통상추라고도 부르며 수분함량이 꽤 높고 단맛과 약간의 쓴맛이 특징이다. 주로 샐러드나 샌드위치에 사용한다.
* 양송이버섯(Button Mushroom) : 식용버섯 중 가장 많이 재배되고 식이섬유, 비타민 D가 풍부하여 치즈와 함께 섭취하면 콜레스테롤을 저하시키는 작용을 한다. 생으로 먹거나 굽고, 수프로 활용하기도 한다.
* 양파(Onion) : 맵고 단맛이 나며 항산화 작용과 콜레스테롤 수치를 낮추는 효능이 있다. 모든 요리에 광범위하게 활용된다.
* 어린잎(Baby Leaf) : 여러 가지 채소류의 잎이 다 자라지 않고 부드러울 때 수확하여 샐러드나 토핑 재료로 활용된다.
* 연어(Salmon) : 연어에는 비타민 A와 D가 풍부하며 단백질, 지방 등의 영양소가 많다. 고급 생선요리로 훈연하거나 굽거나 찌는 등의 다양한 활용 방법이 있다.
* 오레가노(Oregano) : 톡 쏘는 박하향이 나는 향신료로 이태리요리에 많이 활용되는 향신료이다. 특히, 토마토와 궁합이 좋아 토마토 소스에는 필수적인 재료이다.
* 오렌지(Orange) : 감귤류에 속하는 과일로 두꺼운 껍질과 많은 즙을 가지고 있다. 생으로도 먹지만, 과피와 과육을 요리에 활용하기도 한다.
* 오이(Cucumber) : 95%의 수분을 함유하고 있으며 시원한 맛과 청결한 맛이 특징이다. 주로 피클이나 샐러드로 활용된다.
* 오이피클(Cucumber Pickle) : 물, 식초, 설탕, 향신료 등을 넣고 끓인 후 따뜻한 상태에서 오이를 넣고 절여 숙성 후 먹는 반찬 개념이다.
* 올리브(Olive) : 심혈관계 질환과 암 예방, 피부미용, 노화방지에 도움을 주

며 올리브오일의 주원료이다. 토핑, 샐러드, 파스타, 드레싱, 소스, 절임 등에 다양하게 활용된다.

* 올리브오일(Olive Oil) : 올리브 열매에서 압착법과 추출법을 이용하여 채유한 것이다. 마요네즈, 드레싱, 파스타, 피자, 토핑 등에 다양하게 활용된다.
* 우스터소스(Worcester Sauce) : 식초와 타마린드, 고추, 설탕, 안초비 등을 넣고 조리하여 숙성시킨 제품이다.
* 우유(Milk) : 젖소의 젖샘에서 추출한 특유한 향미와 단맛을 지닌 액체이다.
* 월계수 잎(Bay Leaf) : 월계수 나무의 잎으로 만든 향신료로 부케가르니(Bouquet Garni), 마리네이드, 스톡, 수프, 소스 등에 활용되는 향신료이다.
* 이태리파슬리(Italian Parsley) : 국내에 주로 유통되는 곱슬곱슬한 파슬리는 컬리 파슬리(Curly Parley)라고 하며, 이태리파슬리는 고수와 비슷한 모양을 가지고 있다. 주로 마리네이드나 음식을 돋보이게 하기 위해 토핑으로 활용된다.
* 잉글리시 머핀(English Muffin) : 머핀보다 쫄깃하고 납작한 영국의 대표적인 빵으로 강력분에 물과 생이스트, 소금, 설탕, 마가린, 옥수수가루 등을 넣어 만든 둥글고 납작한 머핀이다. 조식에 그냥 먹거나 달걀 등을 곁들여 먹는다.
* 적양배추(Red Cabbage) : 붉은색을 띠어 적채라고도 하며 위 건강에 좋은 효능이 있는 대표적인 채소이다. 주로 샐러드로 먹거나 환 등으로 활용한다.
* 적포도주(Red Wine) : 과피와 종자, 과즙을 한꺼번에 오크통에 넣고 포도주 효모를 첨가하여 발효시킨 술이다. 요리에 다양하게 활용되고 있으며 특히, 소스에 활용도가 높다.

* **전분(Starch) :** 녹말이라고도 하며 옥수수, 감자, 고구마 등의 재료에서 추출하여 제조되며 액체의 농도를 조절하는 데 주로 사용된다. 최근에는 기능성을 위한 변성전분의 종류가 다양하게 개발되고 있다.
* **정제버터(Clarified Butter) :** 버터를 끓여 찌꺼기와 거품을 제거하고 걸러서 사용하는 것이다.
* **잣(Pine nut) :** 실백이라고도 하며 통으로 사용하거나 갈아서 토핑으로 사용하기도 한다. 구워서 요리에 사용하면 고소한 풍미가 높아진다.
* **채끝등심(Strip Loin) :** 쇠고기 등심 아랫부분에 안심을 에워싸고 있는 부위로 지방이 적고 열량이 다소 낮으며 쇠고기 본래의 맛을 느낄 수 있다. 주로 주요리인 스테이크에 활용된다.
* **처빌(Chervil) :** 파슬리와 비슷하며 감미로운 향을 지니고 있다. 생선의 비린내 제거에 활용되며 수프, 소스 등에 쓰인다.
* **체더 슬라이스치즈(Cheddar Slice Cheese) :** 영국의 체더 지방에서 유래된 연질치즈로 소비자들에게 인기가 많은 치즈 중 하나이다. 디저트와인과 어울리며 샌드위치나 버거 종류의 토핑 재료로 활용된다.
* **치아바타(Ciabatta) :** '슬리퍼'라는 뜻을 가진 이탈리아 빵으로 겉은 딱딱하고 속은 부드럽고 쫄깃하며 담백한 맛을 가진 빵이다. 주로 올리브오일과 발사믹 식초에 찍어 먹거나 샌드위치 번으로 사용하기도 한다.
* **치커리(Chicory) :** 특유의 씁쓸한 맛이 특징이고 모양과 색상에 따라 다른 맛이 난다. 쌈이나 샐러드용 채소로 활용된다.
* **칠리파우더(Chilli Powder) :** 매운맛이 나는 고추를 파우더 형태로 가공한 것이다.

* 케이퍼(Caper) : 케이퍼의 꽃봉오리를 의미하며 주로 식초에 절여진 것을 활용한다. 육류나 생선 등의 요리에 쓰인다.
* 크랜베리(Cranberry) : 작고 둥근 모양에 진한 적색을 띠고 있으며 잼이나 아이스크림, 디저트소스, 처트니 등에 활용된다.
* 크림치즈(Cream Cheese) : 크림을 첨가한 우유에 커드를 형성시켜 숙성되지 않은 신선한 치즈로 부드러운 풍미와 조직감이 특징이다. 주로 샌드위치 스프레드나 소스로 활용된다.
* 타이거새우(Tiger Prawn) : 호랑이처럼 붉고 흰 줄무늬를 가지고 있으며 일반 새우보다 훨씬 크다. 통으로 굽거나 삶고, 쪄서 조리한다.
* 타임(Thyme) : 요리의 잡냄새를 제거하고 풍미를 높이는 데 많이 사용되는 재료이며 항균작용이 뛰어나 차나 항생제로도 사용한다.
* 타히니(Tahini) : 참깨를 갈아 페이스트 형태로 만든 소스로 중동지역에서 많이 사용한다. 주로 훔무스나 팔라페 등에 풍미를 높이기 위해 사용한다.
* 토마토(Tomato) : 활용가치가 많은 채소로 노화를 방지하고 암 예방에 효능이 있다. 생으로 섭취하거나 끓이고, 굽거나 볶아서 조리한다. 소스, 주스의 활용에 좋다.
* 토마토케첩(Tomato Ketchup) : 토마토에 토마토 퓨레를 농축시켜 설탕, 소금, 식초, 향신료 등의 재료를 첨가해서 만든 제품이다.
* 토마토페이스트(Tomato Paste) : 토마토 퓨레를 농축한 24% 이상의 고형분량을 말한다.
* 통후추(Whole Pepper) : 후추나무의 열매에서 얻어지며 맵고 특이한 풍미와 향을 가지고 있어 육류나 생선의 좋지 않은 냄새를 없앨 수 있다.

* 트러플(Truffle) : 프랑스 3대 진미 중 하나로 고가의 식재료이며 강한 향을 가지고 있어 요리에는 소량만 사용한다. 소스, 리소토, 파스타 등에 이용한다.
* 파르팔레(Farfalle) : 나비 모양과 비슷한 숏 파스타의 일종이다.
* 파인애플(Pineapple) : 열대과일로 생으로 먹거나 구워서 먹고 주스 등으로 활용한다.
* 파프리카파우더(Paprika Powder) : 파프리카를 갈아 파우더 형태로 만든 제품이다. 근래에는 훈연 파프리카파우더를 사용하기도 한다.
* 패스트리시트(Pastry Sheet) : 밀가루 반죽에 버터를 층층으로 여러 겹 겹쳐 구운 제과 시트이다. 밀푀유(Millefeuille)나 타르트 쉘로 사용된다.
* 페투치니(Fettuccini) : 국내의 칼국수 면과 비슷하며 넓적한 면의 파스타이다.
* 페페론치노(Peperoncino) : 이탈리아의 매운 고추를 의미한다. 이탈리아 요리에 매운맛을 내기 위해 사용한다.
* 펜네(Penne) : 짧고 속이 비어 있는 원통형의 숏 파스타이다.
* 표고버섯(Shittake Mushroom) : 향과 맛이 좋아 다양한 요리에 사용되며 분말로도 만들어 천연조미료로 사용된다.
* 푸실리(Fusilli) : 나사모양의 숏 파스타이다.
* 프렌치머스터드(French Mustard) : 옐로우 머스터드, 디종 머스터드라고도 하며 겨잣가루에 소금과 식초 등을 섞어 제조한 제품이다.
* 프렌치프라이(French Fry) : 감자를 막대 모양으로 잘라 기름에 튀긴 것이다.

* 피망(Pimento) : 비타민 C의 함량이 높고 아삭한 식감이 좋은 고추를 개량한 식재료이다. 생으로 섭취하기도 하고 굽거나 소스에 이용하기도 한다. 직화로 태워 껍질을 제거해서 요리에 활용하기도 한다.
* 피타 브레드(Pita Bread) : 밀가루에 이스트를 넣어 발효한 후 넓적한 원형으로 만든 빵으로 중동지역에서 즐겨 먹는다. 딥 소스나 올리브오일에 찍어 먹는다.
* 할라피뇨(Jalapeno) : 멕시코의 대표적인 매운 고추로 육질이 단단하며 식감이 좋다. 주로 피클형태로 가공되어 활용되고 있다.
* 핫 소스(Hot Sauce) : 톡 쏘는 매운맛과 향이 나는 소스로 피자나 소스 조리 시에 활용되는 제품이다.
* 호두(Walnut) : 불포화지방산이 풍부하며 성장기 어린이의 두뇌건강과 피부에 좋은 재료이다. 주로 굽거나 튀겨 먹고 제과 · 제빵에 활용된다.
* 호밀 빵(Rye Bread) : 호밀을 원료로 한 묵직한 느낌을 가진 독일의 전통빵이다. 올리브오일에 적셔 먹거나 샌드위치 번으로 사용하기도 한다.
* 홍합(Mussel) : 블랙과 그린 홍합이 있으며 암초에 붙어 서식한다. 스톡이나 스튜, 파스타 등의 요리에 활용된다.
* 휘핑크림(Whipping Cream) : 낮은 온도에서 거품을 일으켜 케이크나 디저트의 곁들임으로 활용된다.

3. 식재료 계량단위

1cup ☞ 한국 : 200cc / 200ml

미국 : 240cc / 240ml

1Tsp(Table Spoon, 1큰술) ☞ 15cc / 15ml / 3tsp

1tsp(table spoon, 1작은술) ☞ 5cc / 5ml

1oz(ounce, 1온스) ☞ 28.3g

1lb(pound, 1파운드) ☞ 453.6g

온도계산법

섭씨(Centigrade) 1℃ ☞ 화씨(Fahrenheit) 33.8 ℉

공식 ☞ 섭씨(℃)에서 화씨(℉) → ℉ = 9/5℃ + 32

화씨(℉)에서 섭씨(℃) → ℃ = 5/9(℉ − 32)

4. 서양요리의 식사순서

서양요리의 식사순서는 3코스(Three Course)부터 10코스가 훌쩍 넘어갈 만큼 다양하게 구성할 수 있다. 메뉴의 가격, 고객의 요구, 행사의 특징 등에 따라 코스의 단계를 결정한다. 일반적으로는 3코스와 5코스 메뉴가 주로 활용되며 재료의 중복됨에 주의하고, 양(Quantity), 영양(Nutrition), 색감(Color), 균형(Balance), 서비스타임(Time) 등을 고려하여 메뉴를 구성해야 한다.

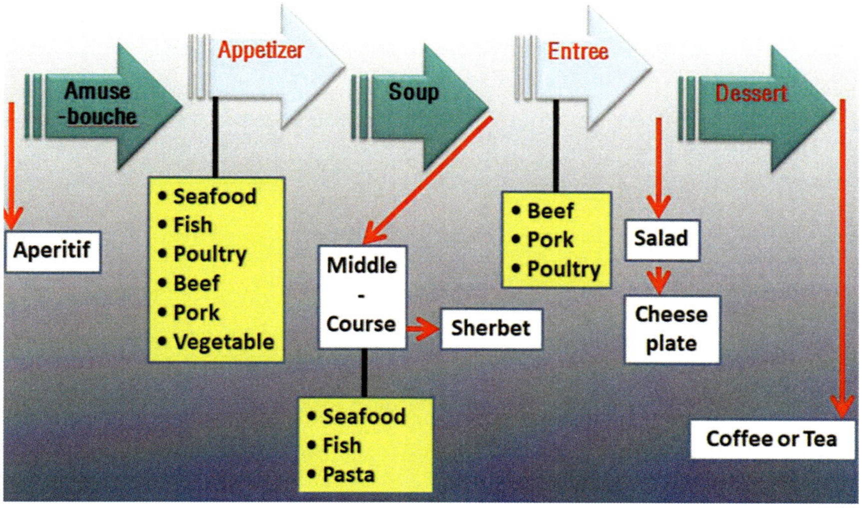

1) 식전주(Aperitif)

식사를 시작하기 전에 가장 먼저 제공되는 와인으로 가볍고 산뜻한 맛의 샴페인(Champagne)이나 로제(Rose)와인, 셰리(Sherry)와인 등이 제공된다.

2) 아뮤즈부쉬(Amuse Bouche)

식사 전에 웰컴 디쉬(Welcome Dish)와 비슷한 개념으로 적은 양(한입 정도)이 제공된다.

3) 전채요리(Appetizer)

오르되브르(Hors d'oeuvre)라고도 하며 식전에 입맛을 촉진한다는 의미를 가지고 있다. 주로 생선, 해산물, 거위 간 등을 활용하여 식욕을 촉진할 수 있도록 산미를 강화하여 제공되는 코스이다.

4) 수프(Soup)

위를 달래기 위해 따뜻한 수프를 제공하는 것이 일반적이며, 주요리의 재료에 따라 맑은 수프와 걸쭉한 수프를 제공한다. 빵과 함께 제공되기도 한다.

5) 미들코스(Middle Course)

주요리는 보통 육류나 가금류가 제공되기 때문에 주요리의 재료와 중복되는 재료를 배제하여 가벼운 생선이나 파스타 요리가 제공된다.

6) 셔벗(Sherbet)

코스메뉴의 주요리를 먹기 전에 앞서 제공되었던 메뉴들의 향과 여운을 깨끗이 헹구어 주요리를 만끽할 수 있게 도와준다. 코스메뉴의 셔벗은 너무 달지 않아야 한다.(레몬이나 오렌지 등의 천연재료와 얼음을 사용하여 조리)

7) 주요리(Entree)

메인 디쉬라고도 하며 주로 육류인 쇠고기를 활용하여 소스와 채소 곁들임이 제공된다. 고객이 원하는 굽기 온도(Bleu, Rare, Medium Rare, Medium, Medium Well, Well Done)에 맞춰 조리되어야 한다.

8) 샐러드(Salad)

샐러드는 코스에 영향을 받지 않는 메뉴이기도 하며 수프 다음 코스에 제공되거나 주요리와 함께 제공되기도 한다. 코스에 따라 샐러드에 사용되는 드레싱의 선택이 중요하다.

9) 치즈(Cheese Plate)

샐러드와 마찬가지로 코스에 영향을 받지 않으며, 식전주나 전채요리 전에 제공되기도 한다. 종류별 치즈에 어울리는 와인과 함께 제공하는 것이 좋다.

10) 후식(Dessert)

모든 식사코스가 끝나고 기분 좋게 마무리할 수 있는 달콤한 아이스크림이나 케이크, 무스 등이 제공된다.

11) 커피 또는 차(Coffee or Tea)

작은 커피 잔을 의미하는 데미타스(Demitasse)에 커피나 차(홍차, 녹차, 허브차 등)가 제공된다.

5. 테이블 세팅

테이블 세팅은 '상차림'의 뜻으로 고객의 식사를 위해 코스별 용도에 맞게 기물을 식사 전에 준비하는 것이다. 포크와 나이프는 서비스접시를 중심으로 바깥쪽부터 사용한다. 최근에는 테이블 세팅을 많이 간소화하여 코스메뉴에 맞춰 기물을 제공하기도 한다. 손을 사용하여 먹어야 하는 메뉴가 있을 때에는 핑거볼(Finger Bowl)을 따로 세팅하여 손가락을 씻을 수 있도록 준비한다.

출처 (사)한국식음료외식조리교육협회, NCS 양식조리기능사 & 이태리요리전문가, 백산출판사, 2018

memo

Cafe Brunch & Italian Cuisine

Part 2

실기편

Chapter 1

카페 브런치요리

Cafe Brunch Cuisine

Chapter 1

카페 브런치요리 Cafe Brunch Cuisine

1. 카페 브런치의 개요

브런치는 아침식사(Breakfast)와 점심식사(Lunch)를 합성해서 만든 영어 단어로, 국립국어원에서는 '어울참'으로 순화하였으나 '아점'이라는 말이 더 익숙하다. 바쁜 일상에 아침식사를 거르는 사람들이 증가하면서 늦은 아침식사와 이른 점심식사를 아울러 이르는 말로 사용하고 있다. 브런치의 기원이 명확하지는 않으나 19세기 후반 영국에서 교회에 가는 사람들이 예배 전에 금식하고 예배 후에 늦은 아침식사를 하는 것에서 비롯되었다는 설이 있다. 그러나 브런치 문화는 주말에 레스토랑을 이용하기 힘든 미국 사람들이 호텔에서 늦은 아침식사를 즐기면서 영국보다 미국에서 더 발달하였다. 어원은 20세기 초 뉴욕의 신문기자인 프랭크(Frank)가 낮에 아침식사를 하는 바쁜 기자들의 식사문화를 일컬어 사용하게 됐다는 의견이 있다.

국내의 경우, 1986년 아시안게임과 1988년 하계올림픽을 계기로 서양요리의 문화도 확산되기 시작하였고 2002년 월드컵을 계기로 빠르게 발전되어왔다. 2000년대 초부터 브런치 문화가 유입되면서 2003년 미국드라마 '섹스 앤 더 시티'를 통해 본격적으로 국내의 많은 사람들에게 브런치가 알려지게 되었다. 가벼운 식사에서 비롯된 브런치 문화는 두 끼 식사를 한끼에 해결하는 문화로 자리 잡았다. 브런치는 '패스트푸드(Fast Food)보다 분위기나 메뉴의 질이 높으며, 고급레스토랑에 비해서는 캐주얼한 느낌이 강하고, 커피전문점보다는 다양한 메뉴를 판매하고 있어 복합적인 공간이라 할 수 있다.

브런치는 서양문화에서 유입되었으나 한식과 중식 등을 접목시킨 브런치 레스토랑이 생기기 시작하여 든든한 식사를 즐길 수 있게 되었다. 또한, 유형별로 브런치 카페, 브런치 뷔페, 브런치 샐러드 바 등으로 운영되고 있기도 하다. 나라와 지역에 따라 다양하고 복합적인 브런치 메뉴가 있을 수 있다. 서양식 브런치 메뉴에는 주로 팬케이크(Pan Cake), 토스트(Toast), 스콘(Scone), 와플(Waffle), 베이글(Bagle)과 같은 빵 계열과 단백질 함량이 높은 베이컨, 소시지, 달걀요리, 연어, 햄 등이 있다. 생선구이나 스테이크, 수프, 라이스 등도 포함되므로 메뉴에 따라 브런치의 경계를 나누는 것보다는 식사시간에 따라 구분하는 것이 이해가 쉽다. 대부분의 식사에서 커피나 생과일주스, 우유, 차 등의 음료와 함께 먹는다.

2. 카페 브런치요리

■ 수검자 유의사항(공통)

1. 조리작품 만드는 순서는 틀리지 않게 하여야 한다.
2. 숙련된 기능으로 맛을 내야 하므로 조리작업 시 음식의 맛을 보지 않는다.
3. 채점대상에서 제외되는 경우
   1) 시험시간 내에 과제 두 가지를 제출하지 못한 경우 : 미완성
   2) 시험시간 내에 제출된 과제라도 다음과 같은 경우
      가. 문제의 요구사항대로 작품의 수량이 만들어지지 않은 경우 : 미완성
      나. 해당 과제의 지급재료 이외의 재료를 사용한 경우 : 오작
      다. 구이를 찜으로 조리하는 등과 같이 조리방법을 다르게 만든 경우 : 오작
      라. 불을 사용하여 만든 조리작품이 작품특성에 벗어나는 정도로 타거나 익지 않은 경우 : 실격
      마. 가스레인지 화구를 2개 이상 사용한 경우 : 실격
      바. 시험 중 시설 및 장비(칼, 가스레인지 등) 사용 시 감독위원 및 타 수험자의 시험 진행에 위협이 될 것으로 감독위원 전원이 합의하여 판단한 경우 : 실격

■ 오븐 기준사양

1. 제품명 : 전기오븐
2. 정격전압 : 220V~, 60Hz
3. 소비전력 : 2000W

memo

구운 토마토를 곁들인 제노바풍 카프레제

Genovese-style Caprese with Roasted Tomatoes

재료
Ingredients

- 그린치커리 20g • 레드치커리 20g • 양상추 10g
- 롤라로사 10g • 겨자 잎 10g • 생모차렐라 치즈 1/2개
- 토마토 1/2개 • 발사믹 크림 15g • 양파 3g
- 올리브오일 70ml • 발사믹 식초 10ml • 꿀 3g
- 바질 잎 5장 • 구운 잣 3개 • 마늘 1개 • 타임 1잎
- 그라나파다노 2g • 어린잎 3g • 소금 2g • 통후추 3g

시험시간
30분

요구사항
Requirements

주어진 재료를 사용하여 다음과 같이 만드시오.

❶ 주어진 재료만을 사용하여 작품을 완성한다.
❷ 재료 손질은 위생적이며 안전하게 이루어져야 한다.
❸ 채소와 모차렐라 치즈, 구운 토마토를 균형 있게 담아야 한다.

요리방법
Cooking Method

❶ 믹스채소 : 그린, 레드치커리, 양상추, 롤라로사, 겨자 잎은 찬물에 담가 물기를 제거하고 한입 크기로 뜯어 놓는다.
❷ 양파와 마늘은 다지고 토마토와 모차렐라 치즈는 1/6의 웨지(Wedge)로 자른다.
❸ 로스트토마토 : 토마토에 올리브오일, 다진 마늘, 타임, 소금, 통후추를 고루 뿌려 200℃의 오븐에 7~10분간 굽는다.
❹ 바질 페스토 : 바질, 구운 잣, 마늘은 곱게 다져 그라나파다노, 올리브오일과 섞는다.
❺ 발사믹 드레싱 : 다진 양파, 올리브오일, 발사믹 식초, 꿀, 소금, 통후추를 넣고 섞는다.
❻ 접시에 믹스채소 → 모차렐라 치즈 → 로스트토마토 → 발사믹 드레싱 → 바질 페스토 순으로 담고 어린잎을 보기 좋게 토핑한다.

Chef's Tip

- 채소는 계절에 따라 색감을 고려하여 사용한다.
- 통후추는 페퍼 밀(Pepper Mill)을 사용한다.
- 바질 페스토는 블렌더를 사용하는 것이 좋다.
- 오일 드레싱은 시간이 지나면 분리되므로 사용 전에 다시 유화해서 사용한다.

모로코 스타일의 훔무스

Moroccan style Hummus

재료
Ingredients

- 병아리콩(캔) 200g • 타히니 5g • 레몬주스 15ml
- 올리브오일 30ml • 소금 3g • 마늘 1개 • 잣 7개
- 파프리카파우더 0.1g • 피타 브레드 1개
- 콩 삶은 물(또는 정수) 150ml • 이태리파슬리 1잎

시험시간

30분

요구사항
Requirements

주어진 재료를 사용하여 다음과 같이 만드시오.

❶ 주어진 재료만을 사용하여 작품을 완성한다.
❷ 재료 손질은 위생적이며 안전하게 이루어져야 한다.
❸ 훔무스의 농도는 퓨레(Puree)보다 되직해야 하고 200g 이상 제출하여야 한다.

요리방법
Cooking Method

❶ 잣은 팬에 노릇하게 굽는다.
❷ 병아리콩은 물에 약 10분간 삶아 버리지 말고 삶은 물을 준비한다.
❸ 블렌더에 삶은 병아리콩과 콩 삶은 물, 타히니, 올리브오일, 레몬주스, 마늘, 소금을 넣고 갈아 준다.(농도를 조절한다.)
❹ 훔무스를 따뜻하게 데운 뒤 그릇에 담아 홈을 파서 올리브오일을 뿌리고, 파프리카파우더, 잣, 이태리파슬리로 토핑한다.
❺ 피타 브레드를 1/2 잘라 팬에 데운 후 곁들인다.

Chef's Tip

- 훔무스는 중동 아프리카의 대표적인 건강 음식으로 빵에 충분히 적셔 먹는 음식이다.
- 올리브오일 대신 정제버터를 사용하기도 한다.
- 날병아리콩을 사용할 때는 하루 정도 충분히 불려서 삶는다.

매콤한 닭 가슴살 시저샐러드

Caesar Salad with Spicy Chicken Breast

재료
Ingredients

• 닭 가슴살 1개 • 로메인 상추 100g • 칠리파우더 1g
• 베이컨 1장 • 식빵 1장 • 정제버터 15ml • 양파 20g
• 마늘 1개 • 안초비 1개 • 달걀 1개 • 올리브오일 90ml
• 프렌치머스터드 10g • 발사믹 식초 20ml • 소금 2g
• 통후추 1g • 그라나파다노 5g • 로즈마리 1잎

시험시간
35분

요구사항
Requirements

주어진 재료를 사용하여 다음과 같이 만드시오.

❶ 주어진 재료만을 사용하여 작품을 완성한다.
❷ 재료 손질은 위생적이며 안전하게 이루어져야 한다.
❸ 드레싱이 분리되지 않아야 하며 로메인 상추에 고루 섞일 수 있도록 한다.
❹ 로메인 상추는 한입 크기의 일정한 형태로 잘라야 한다.

요리방법
Cooking Method

❶ 로메인 상추는 찬물에 담가 물기를 제거하고 4cm 크기로 썰어 놓는다.
❷ 닭 가슴살은 올리브오일, 로즈마리, 칠리파우더, 소금, 통후추로 마리네이드하여 굽는다.
❸ 베이컨은 1.5cm로 썰어 크리스피하게 굽고, 식빵은 3×1cm 크기로 잘라 정제버터에 버무려 굽는다.
❹ 시저드레싱 : 양파, 마늘, 안초비는 곱게 다져 발사믹 식초와 섞는다. → 볼에 프렌치머스터드와 달걀노른자를 섞고 올리브오일을 조금씩 넣어가며 유화시킨다. → 모든 재료를 혼합하고 소금과 통후추로 간한다.
❺ 볼에 로메인 상추를 담고 시저드레싱을 고루 묻혀 그릇에 담는다.
❻ 구운 닭 가슴살은 어슷하게 썰어 담고, 크루통, 베이컨, 그라나파다노를 뿌린다.

Chef's Tip

- 시저드레싱은 블렌더를 이용하여 쉽게 만들 수 있다.
- 로메인 상추는 연한 녹색을 띠고 잎이 양상추처럼 단단한 것이 품질이 좋은 것이다.
- 발사믹 식초 대신 레몬주스나 식초를 사용해도 무방하다.
- 정제버터는 버터를 중불에서 끓여 찌꺼기가 가라앉으면 소창에 거른다.

레몬 스윗드레싱의 콥 샐러드

Cobb Salad with Lemon Sweet Dressing

재료

Ingredients

- 그린치커리 20g • 레드치커리 20g • 양상추 50g
- 롤라로사 20g • 겨자 잎 10g • 방울토마토 4개
- 달걀 1개 • 베이컨 1개 • 스위트 콘 30g • 오이 50g
- 블랙올리브 3개 • 그라나파다노 5g • 아보카도 1/4개
- 할라피뇨 슬라이스 5개 • 올리브오일 30ml • 꿀 10g
- 레몬주스 10ml • 설탕 1g • 소금 3g • 통후추 2g
- 건오레가노 0.1g • 어린잎 3g

시험시간

30분

요구사항
Requirements

주어진 재료를 사용하여 다음과 같이 만드시오.

1. 주어진 재료만을 사용하여 작품을 완성한다.
2. 재료 손질은 위생적이며 안전하게 이루어져야 한다.
3. 주어진 재료들은 1.5cm 크기의 일정한 다이스로 잘라야 한다.
4. 드레싱이 분리되지 않아야 하며 색의 대비를 고려하여 담아야 한다.

요리방법
Cooking Method

1. 그린치커리, 레드치커리, 양상추, 롤라로사, 겨자 잎은 찬물에 담가 물기를 제거하고 한입 크기로 잘라 믹스채소를 준비한다.
2. 달걀은 완숙으로 삶아 1.5cm 크기로 썰고 할라피뇨는 거칠게 다진다.
3. 아보카도와 오이, 베이컨은 1.5cm로 썰고 베이컨은 크리스피하게 굽는다.
4. 방울토마토는 4등분, 블랙올리브는 0.2cm 두께의 원형으로 썰어 놓는다.
5. 레몬 스윗드레싱 : 레몬주스에 설탕과 소금을 녹인 후 올리브오일, 꿀, 건오레가노, 통후추를 섞어 유화시킨다.
6. 그릇에 믹스채소를 담고 방울토마토, 오이, 달걀, 베이컨, 스위트 콘, 블랙올리브, 아보카도, 할라피뇨를 보기 좋게 담아 레몬 스윗드레싱을 뿌린다.
7. 어린잎과 그라나파다노를 토핑한다.

Chef's Tip

- 콥 샐러드는 미국이나 유럽에서 한끼 식사로 인기가 좋다.
- 렌치드레싱을 곁들여도 잘 어울린다.
- 콥 샐러드의 메인 재료들은 식성과 계절, 원가에 따라 변화를 주기도 한다.

발사믹 드레싱의 마스카포네치즈 샐러드

Mascarpone Cheese Salad with Balsamic Dressing

재료
Ingredients

- 그린치커리 20g • 레드치커리 20g • 양상추 30g
- 롤라로사 20g • 겨자 잎 10g • 방울토마토 2개
- 마스카포네치즈 60g • 양파(가로 컷) 50g
- 건크랜베리 7개 • 블랙올리브 2개 • 올리브오일 50ml
- 발사믹 식초 15ml • 꿀 3g • 아몬드 슬라이스 3g
- 호두 2개 • 호밀 빵 또는 바게트 1/2개 • 어린잎 3g
- 소금 2g • 통후추 3g

시험시간
25분

요구사항
Requirements

주어진 재료를 사용하여 다음과 같이 만드시오.

❶ 주어진 재료만을 사용하여 작품을 완성한다.
❷ 재료 손질은 위생적이며 안전하게 이루어져야 한다.
❸ 드레싱이 분리되지 않아야 하며 색상의 조화가 잘 이루어지도록 담아야 한다.

요리방법
Cooking Method

❶ 그린치커리, 레드치커리, 양상추, 롤라로사, 겨자 잎은 찬물에 담가 물기를 제거하고 한입 크기로 잘라 믹스채소를 준비한다.
❷ 양파는 원형 0.2cm, 방울토마토는 1/2, 블랙올리브는 0.3cm 두께로 자른다.
❸ 발사믹 드레싱 : 양파는 다지고, 발사믹 식초에 소금을 녹인 후 올리브오일, 꿀, 통후추와 함께 섞어 유화시킨다.
❹ 호밀 빵은 4쪽으로 썰어 팬에 살짝 굽는다.
❺ 그릇에 믹스채소와 방울토마토를 담고 마스카포네치즈, 블랙올리브, 건크랜베리, 아몬드 슬라이스, 호두, 양파링 순서로 담는다.
❻ 어린잎을 토핑하고 호밀 빵을 곁들인다.

Chef's Tip

- 마스카포네치즈 샐러드는 여성들에게 꾸준하게 인기 있는 메뉴이다.
- 빵에 치즈와 채소 등을 함께 곁들여 먹는 것이 컨셉이다.

깻잎 페스토의 푸실리 샐러드

Fusilli Salad of Sesame Leaf Pesto

재료
Ingredients

• 깻잎 50g • 잣 10개 • 마늘 1개 • 그라나파다노 10g
• 올리브오일 50ml • 푸실리 80g • 가지 50g
• 애호박 50g • 새송이버섯 40g • 브로콜리 50g
• 양파 50g • 홍피망 30g • 방울토마토 4개
• 블랙올리브 5개 • 소금 10g • 통후추 3g

시험시간
30분

요구사항
Requirements

주어진 재료를 사용하여 다음과 같이 만드시오.

❶ 주어진 재료만을 사용하여 작품을 완성한다.
❷ 재료 손질은 위생적이며 안전하게 이루어져야 한다.
❸ 푸실리는 알덴테로 삶고 페스토가 고루 버무려지도록 하여야 한다.

요리방법
Cooking Method

❶ 푸실리는 끓는 물에 알덴테로 삶아서 준비한다.
❷ 가지, 애호박(씨 제거), 새송이버섯, 브로콜리, 양파, 홍피망은 2cm 크기로 썰고, 방울토마토는 1/2등분, 블랙올리브는 0.2cm로 슬라이스한다.
❸ 블렌더에 올리브오일, 깻잎, 마늘, 잣, 그라나파다노, 소금, 통후추를 넣고 블렌딩하여 깻잎 페스토를 준비한다.
❹ 가지, 애호박, 새송이버섯, 브로콜리, 양파, 홍피망, 방울토마토는 센 불에서 소금, 통후추로 간하여 볶는다.
❺ 푸실리와 볶은 채소, 블랙올리브에 깻잎 페스토를 넣어 버무린다.
❻ 그릇에 담고 그라나파다노를 토핑한다.

Chef's Tip

- 한국 식재료를 사용한 깻잎 페스토는 핫 파스타 조리에 사용하기도 한다.
- 페스토의 올리브오일 함량은 용도에 따라 가감하여 조리할 수 있다.

인도식 그린 렌틸 수프

Indian Green Lentil Soup

재료
Ingredients

- 그린 렌틸 100g • 양파 10g • 셀러리 5g • 대파 3g
- 감자 20g • 마늘 1개 • 치킨육수 200ml • 소금 3g
- 생크림 30ml • 가람마살라 0.3g • 트러플오일 2ml
- 샐러드오일 15ml • 이태리파슬리 1잎 • 통후추 3g

시험시간
35분

요구사항
Requirements

주어진 재료를 사용하여 다음과 같이 만드시오.

❶ 주어진 재료만을 사용하여 작품을 완성한다.
❷ 재료 손질은 위생적이며 안전하게 이루어져야 한다.
❸ 적절한 수프의 농도와 색감에 유의하고 완성품은 200ml 이상이 되어야 한다.

요리방법
Cooking Method

❶ 그린 렌틸은 물에 불리고 생크림의 일부는 머랭으로 준비한다.
❷ 양파, 셀러리, 대파, 마늘은 미디엄 다이스로 자르고 감자는 얇게 썰어 놓는다.
❸ 냄비에 오일을 두르고 양파, 셀러리, 마늘을 볶다가 감자와 렌틸을 볶는다.
❹ 치킨육수를 붓고 끓으면 중불에서 렌틸이 익을 때까지 은근히 끓인다.
❺ 렌틸이 익으면 블렌더에 갈아 체에 거른 뒤 생크림을 넣고 농도를 조절한 후 가람마살라와 소금, 통후추로 간한다.
❻ 수프 볼에 담아 생크림 머랭과 트러플 오일을 뿌린 뒤 이태리파슬리로 장식한다.

Chef's Tip

- 렌틸은 김치와 더불어 세계 5대 건강식품으로 알려져 있다.
- 렌틸은 빨강, 주황, 노랑, 갈색 등 색상별로 종류가 다양하다.
- 향신료에 민감하다면 가람마살라 대신 다른 향신료를 사용해도 된다.

마르세유풍의 지중해식 부야베스

Marseille-style Mediterranean Bouillabaisse

재료
Ingredients

- 흰 살생선 50g
- 타이거새우 3마리
- 블랙홍합 5개
- 모시조개 5개
- 양파 30g
- 마늘 1개
- 대파 10g
- 감자 1/4개
- 토마토 1/4개
- 생선육수 300ml
- 화이트와인 30ml
- 토마토홀 1개
- 오렌지 1/4개
- 올리브오일 15ml
- 버터 5g
- 처빌 1잎
- 건타임 0.1g
- 월계수 잎 1장
- 샤프론(치자 대체 가능) 0.2g
- 소금 3g
- 통후추 2g

시험시간
30분

요구사항
Requirements

주어진 재료를 사용하여 다음과 같이 만드시오.

❶ 주어진 재료만을 사용하여 작품을 완성한다.
❷ 재료 손질은 위생적이며 안전하게 이루어져야 한다.
❸ 해산물 비린내가 나지 않게 조리하고 불순물이 없도록 조리해야 한다.
❹ 조리시간이 길어 해산물이 질겨지지 않도록 조리해야 한다.

요리방법
Cooking Method

❶ 양파, 마늘, 대파, 감자, 토마토홀은 2cm 사각으로 썰고 토마토는 껍질 제거 후 같은 크기로 썬다.

❷ 흰 살생선은 3cm 크기로 저며 썰고 새우는 다리, 뿔, 꼬리를 손질한다.

❸ 냄비에 오일을 두르고 양파, 마늘, 대파를 볶다가 감자를 볶는다.

❹ ❸에 새우, 홍합, 모시조개를 볶고 생선을 넣고 화이트와인으로 플랑베한다.

❺ 화이트와인이 휘발되면 ❹에 생선육수와 샤프론, 토마토를 넣고 끓으면 건타임과 월계수 잎을 넣고 중불에서 시머링(Simmering)하며 끓인다.

❻ 소금과 통후추로 간하고 불을 끈 후 버터로 몽테(Monte)한다.

❼ 수프 볼에 보기 좋게 담고 오렌지 제스트(Zest)를 처빌과 함께 토핑한다.

Chef's Tip

- 똠양꿍, 샥스핀 수프와 더불어 세계 3대 수프 중 하나이다.
- 생선육수는 흰 살생선뼈를 약불에서 볶다가 화이트와인으로 플랑베하고 물을 부은 후 양파, 대파, 양송이, 통후추, 타임, 월계수 잎을 넣어 15~20분간 은근히 끓인 후 걸러준다.
- 샤프론 대신 치자를 사용할 경우 생선육수에 치자를 넣고 같이 끓여 색을 낸다.

건강식 단호박 당근 수프

Healthy Sweet Pumpkin & Carrot Soup

재료
Ingredients

• 단호박 150g • 당근 50g • 양파 30g • 대파 20g
• 셀러리 20g • 수삼 5g • 감초 1개 • 통계피 2g
• 월계수 잎 1장 • 밀가루 30g • 버터 10g • 꿀 20g
• 생크림 20ml • 달걀 1개 • 호두 1개 • 소금 3g
• 백후추 0.3g

시험시간
35분

요구사항
Requirements

주어진 재료를 사용하여 다음과 같이 만드시오.

❶ 주어진 재료만을 사용하여 작품을 완성한다.
❷ 재료 손질은 위생적이며 안전하게 이루어져야 한다.
❸ 적절한 수프의 농도와 색감에 유의하고 완성품은 200ml 이상이 되어야 한다.

요리방법
Cooking Method

❶ 단호박, 당근은 껍질을 제거하고 얇게 썰어 준비한다.
❷ 호두는 불린 후 작게 자르고 양파, 대파(흰 부분), 셀러리는 얇게 썬다.
❸ 냄비에 버터를 두르고 양파, 대파, 셀러리를 볶다가 단호박과 당근을 넣어 볶는다.
❹ ❸에 밀가루를 넣어 볶고 정수, 수삼, 감초, 월계수 잎을 넣어 끓인다.
❺ 내용물이 삶아지면 감초, 월계수 잎을 제거하고 체에 거른다.
❻ 냄비에 거른 수프를 담고 꿀, 소금, 후추, 생크림을 넣고 끓여 완성한다.
❼ 달걀은 흰자 머랭을 올려 끓는 물에 한 스푼씩 넣어 데친다.
❽ 수프 볼에 수프를 담고 익힌 달걀흰자 머랭과 호두를 토핑한다.

Chef's Tip

- 시원하고 감칠맛나는 감초향과 건강함을 느낄 수 있는 수프이다.
- 감초향에 민감할 경우 양을 조절하거나 넣지 않아도 무방하다.
- 밀가루 대신 감자나 밥으로 농도를 조절해도 된다.
- 블렌더에 갈아 사용하면 더 편리하다.

라따뚜이를 곁들인 그뤼에르 치즈오믈렛

Gruyere Cheese Omelette with Ratatouille

재료
Ingredients

- 달걀 3개 • 그뤼에르 치즈 20g • 양파 50g
- 청피망 20g • 홍피망 20g • 가지 10g • 애호박 20g
- 토마토홀 1개 • 그린치커리 10g • 레드치커리 10g
- 양상추 10g • 롤라로사 10g • 겨자 잎 10g
- 통후추 2g • 바게트 빵 1/4개 • 올리브오일 30ml
- 소금 5g • 설탕 2g • 샐러드오일 20ml
- 발사믹 식초 10ml • 꿀 3g

시험시간

30분

요구사항
Requirements

주어진 재료를 사용하여 다음과 같이 만드시오.

❶ 주어진 재료만을 사용하여 작품을 완성한다.
❷ 재료 손질은 위생적이며 안전하게 이루어져야 한다.
❸ 라따뚜이 재료는 일정한 크기로 잘라야 한다.
❹ 오믈렛 조리 시 찢어지지 않게 조리하고 잘랐을 때 달걀물이 흘러내리지 않아야 한다.

요리방법
Cooking Method

❶ 그린치커리, 레드치커리, 양상추, 롤라로사, 겨자 잎은 찬물에 담가 물기를 제거하고 한입 크기로 잘라 믹스채소를 준비한다.
❷ 양파, 피망, 가지, 애호박, 토마토 홀은 1cm 다이스로 잘라 라따뚜이 재료를 준비한다.
❸ 그뤼에르 치즈는 0.3cm 두께로 길게 썰고 달걀은 체에 내려 달걀물을 준비한다.
❹ 발사믹 드레싱 : 양파를 다지고 발사믹 식초에 소금을 녹인 후 올리브오일, 다진 양파, 꿀, 통후추를 넣고 섞어 유화한다.
❺ 썰어 놓은 라따뚜이 재료를 팬에 볶아 설탕, 소금, 통후추로 간한다.
❻ 팬에 샐러드오일을 두른 후 달걀물을 스크램블한 뒤 치즈를 채워 타원형으로 말아준다.
❼ 바게트 빵은 사선의 1cm 두께로 썰어 팬에 굽는다.
❽ 접시에 오믈렛, 라따뚜이, 믹스채소(발사믹 드레싱), 바게트 빵을 보기 좋게 담는다.

Chef's Tip

- 본 레시피는 프랑스식 오믈렛으로 미국식 오믈렛은 적당한 스크램블 후에 반으로 접는 식으로 프랑스식보다 쉬운 조리방법도 있다.
- 라따뚜이는 재료를 큼직하게 썰어 토마토 소스에 조리하는 스튜 형식의 프랑스 요리이다.
- 충분한 연습만이 오믈렛 조리를 마스터할 수 있는 방법이다.

이탈리아 스타일의 시금치 프리타타

Italian-style Spinach Frittata

재료
Ingredients

- 달걀 3개 • 시금치 30g • 우유 30ml • 방울토마토 3개
- 양파 20g • 대파 20g • 마늘 1개 • 그라나파다노 3g
- 샐러드오일 20ml • 발사믹 크림 10ml • 베이컨 1개
- 루꼴라 20g • 베이크드 빈 50g • 타임 1잎
- 양송이버섯 2개 • 표고버섯 1개 • 느타리버섯 2개
- 호밀 빵(or 바게트) 1/2개 • 버터 10g • 소금 5g
- 통후추 3g

시험시간
30분

요구사항
Requirements

주어진 재료를 사용하여 다음과 같이 만드시오.

1. 주어진 재료만을 사용하여 작품을 완성한다.
2. 재료 손질은 위생적이며 안전하게 이루어져야 한다.
3. 내용물이 흘러내리지 않고 잘 익어야 한다.
4. 과도한 스크램블로 완성품이 찢어지지 않게 하여야 한다.

요리방법
Cooking Method

1. 양파는 0.5cm, 대파, 베이컨은 1cm, 마늘은 다지고 방울토마토는 4등분한다.
2. 시금치는 잎만 떼어내고 양송이, 표고는 1/6등분, 느타리는 찢어 놓는다.
3. 달걀은 체에 걸러 소금, 후추, 우유를 넣어 달걀물을 준비한다.
4. 팬에 버터와 샐러드오일을 두르고 마늘, 양파, 베이컨을 볶다가 방울토마토와 시금치를 넣고 살짝 볶는다.
5. ❹에 달걀물을 넣고 스크램블하여 그라나파다노를 뿌려 뚜껑을 덮고 약불에서 익힌다.
6. 팬에 버터와 샐러드오일을 두르고 버섯 3종에 소금, 후추, 타임을 넣고 센 불에서 볶는다.
7. 호밀 빵은 사선 1cm 두께로 썰어 팬에 굽고 베이크드 빈은 데운다.
8. 접시에 프리타타를 잘라 담고 루꼴라(발사믹 크림), 버섯, 베이크드 빈, 호밀 빵을 담는다.

Chef's Tip

- 내용물에 가금류나 육류를 넣어 조리할 수 있다.
- 오븐조리가 가능한 코팅 팬을 사용하면 스크램블 후 바로 오븐에 넣어 익힐 수 있으므로 편리하다.

루꼴라를 곁들인 에그 베네딕트

Egg Benedict with Rucola(Arugula)

재료
Ingredients

- 달걀 3개 • 루꼴라 5g • 잉글리시 머핀 1개 • 식초 30ml
- 베이컨 2개 • 알감자 3개 • 방울토마토 3개 • 버터 5g
- 정제버터 50ml • 소시지 1개 • 허브에센스 20ml
- 파슬리 1잎 • 어린잎 5g • 샐러드오일 30ml
- 소금 5g • 통후추 3g

시험시간
40분

요구사항
Requirements

주어진 재료를 사용하여 다음과 같이 만드시오.

❶ 주어진 재료만을 사용하여 작품을 완성한다.
❷ 재료 손질은 위생적이며 안전하게 이루어져야 한다.
❸ 달걀흰자가 풀리지 않고 반숙이 되어야 한다.
❹ 홀랜다이즈 소스는 굳지 않게 조리되어야 한다.
❺ 포치드 에그는 2점을 완성하고 반숙이 되어야 한다.

요리방법
Cooking Method

❶ 알감자는 껍질째 삶은 후 제거하고 루꼴라와 어린잎은 찬물에 담가 놓는다.
❷ 소시지는 사선으로 칼집을 내어 2~3등분하고 파슬리는 다진다.
❸ 홀랜다이즈 소스 : 달걀노른자에 정제버터와 허브에센스를 조금씩 넣어주며 중탕하고 유화 및 농도를 조절한다. → 소금, 통후추로 간하고 파슬리를 섞는다.
❹ 냄비에 정수, 식초, 소금을 넣고 끓으면 달걀을 포치(Poach)한다.
❺ 잉글리시 머핀은 가로로 반 갈라 버터를 바르고 팬에 굽는다.
❻ 팬에 오일, 버터를 두르고 알감자, 소시지, 베이컨, 방울토마토를 볶는다.(소금, 통후추)
❼ 접시에 잉글리시 머핀을 담고 루꼴라 → 포치드 에그 → 홀랜다이즈 소스 순으로 담는다.
❽ 볶은 방울토마토, 알감자, 소시지, 베이컨과 어린잎을 곁들인다.

Chef's Tip

- 허브에센스는 레몬, 양파, 식초, 정수, 통후추, 파슬리줄기, 월계수 잎을 넣고 1/2로 조린다.
- 정제버터는 버터를 중불에서 은근히 끓여 찌꺼기가 가라앉으면 소창에 걸러 사용한다.
- 홀랜다이즈 소스를 뿌리고 샐러맨더에 색을 내주기도 한다.

하우스 클럽 샌드위치

House Club Sandwich

재료
Ingredients

- 샌드위치용 식빵 3장 • 닭 가슴살 1개 • 베이컨 2개
- 달걀 1개 • 양상추 30g • 토마토(가로 컷) 1/2개
- 마요네즈 50g • 씨겨자 20g • 버터 5g
- 토마토케첩 30g • 오이피클(홀) 1개
- 체더 슬라이스치즈 1장 • 소금 3g • 로즈마리 1잎
- 올리브오일 20ml • 프렌치프라이 100g
- 샐러드오일 100ml • 샌드위치용 꼬치 4개 • 통후추 2g

시험시간
35분

요구사항
Requirements

주어진 재료를 사용하여 다음과 같이 만드시오.

❶ 주어진 재료만을 사용하여 작품을 완성한다.
❷ 재료 손질은 위생적이며 안전하게 이루어져야 한다.
❸ 숙련되게 커팅하고 수분이 식빵에 최대한 흡수되지 않게 주의하여야 한다.
❹ 완성품은 4조각으로 자른 4점을 제출하여야 한다.

요리방법
Cooking Method

❶ 닭 가슴살은 두꺼우면 포를 뜨고 로즈마리, 올리브오일, 소금, 통후추로 마리네이드한다.

❷ 양상추는 찬물에 담가 물기를 제거한다.

❸ 토마토는 0.5cm 두께의 원형으로 자르고 오이피클은 0.2cm 두께로 얇게 썬다.

❹ 닭 가슴살과 베이컨을 팬에 굽는다.

❺ 마요네즈와 씨겨자를 섞어 스프레드를 만든다.

❻ 달걀은 완숙으로 프라이하고 식빵은 버터를 발라 팬에 구워 스프레드를 바른다.

❼ 프렌치프라이는 170℃의 기름에 바삭하게 튀긴다.

❽ 샌드위치 조립 : ㉮ 양상추 → 닭 가슴살 → 베이컨 → 달걀프라이
㉯ 양상추 → 토마토 → 오이피클 → 체더 슬라이스치즈
㉮에 ㉯를 올리고 나머지 한 장의 식빵을 덮어 손바닥으로 지그시 누른다.

❾ 샌드위치의 사방 겉면을 잘라내고 꼬치를 꽂아 'X'자 형태로 자른다.

❿ 접시에 담고 튀긴 프렌치프라이와 토마토케첩을 곁들인다.

Chef's Tip

- Chef 샌드위치라고도 부르며 칠면조나 오리가슴살을 사용하기도 한다.
- 샌드위치 커팅 시 빵칼이나 잘 연마된 칼을 사용해야 자르기가 수월하다.
- 식빵을 팬에 굽지 않고 파니니처럼 굽기도 한다.

불고기 파니니

Bulgogi Panini

재료
Ingredients

- 치아바타 1개 • 불고기용 고기 50g • 달임장 8ml
- 양파 30g, • 적양배추 30g • 체더 슬라이스치즈 1장
- 모차렐라 치즈 40g • 크림치즈 15g • 양상추 20g
- 마요네즈 30g • 설탕 2g • 통후추 2g
- 토마토(가로 컷) 1/2개 • 레드와인 30ml

시험시간
30분

요구사항
Requirements

주어진 재료를 사용하여 다음과 같이 만드시오.

❶ 주어진 재료만을 사용하여 작품을 완성한다.
❷ 재료 손질은 위생적이며 안전하게 이루어져야 한다.
❸ 수분이 식빵에 최대한 흡수되지 않게 주의하여야 한다.
❹ 속재료가 흘러내리지 않게 주의하여 구워야 한다.

요리방법
Cooking Method

❶ 토마토는 0.3cm의 원형으로 슬라이스하고 체더 슬라이스치즈는 1/2로 자른다.
❷ 양파와 적양배추는 채 썰고 소금과 설탕을 넣고 볶다가 레드와인을 넣고 조린다.
❸ 불고기용 고기에 달임장을 넣고 볶는다.
❹ ❷와 ❸에 마요네즈, 통후추를 섞어 준비한다.
❺ 치아바타를 반 잘라 굽고 크림치즈로 스프레드한다.
❻ ❺에 모차렐라 치즈 → 토마토 → 체더 슬라이스치즈 → 양상추 → 모차렐라 치즈 순으로 올려 담는다.
❼ 달궈진 파니니 그릴에 조립한 치아바타를 굽는다.

Chef's Tip

- 달임장은 간장 1컵, 황설탕 1컵, 물 1/2컵, 배 1/4개, 대파 10g, 통생강 1/4개, 통후추 5g을 넣고 1/2로 조려 식으면 사용한다.
- 파니니는 아침이나 간식으로 주로 이용하지만 한끼 식사대용으로도 충분하다.

까르보나라 페투치니

Carbonara Fettuccine

재료
Ingredients

- 페투치니 60g • 생크림 150ml • 우유 100ml • 잣 7개
- 베이컨 2개 • 양송이버섯 2개 • 표고버섯 1개 • 달걀 1개
- 마늘 1개 • 그라나파다노 5g • 바질 1잎
- 올리브오일 30ml • 소금 5g • 통후추 3g

시험시간
30분

요구사항
Requirements

주어진 재료를 사용하여 다음과 같이 만드시오.

❶ 주어진 재료만을 사용하여 작품을 완성한다.
❷ 재료 손질은 위생적이며 안전하게 이루어져야 한다.
❸ 소스가 너무 되직하거나 묽지 않게 완성되어야 하며 지방이 분리되지 않게 하여야 한다.
❹ 페투치니는 알덴테(al dente)로 익혀야 한다.

요리방법
Cooking Method

❶ 양송이는 1/4등분 웨지, 표고는 1/6등분 웨지로 썰어 준비한다.

❷ 마늘은 편 썰고 베이컨은 2cm 크기로 썰어 놓는다.

❸ 끓는 물에 소금을 넣고 페투치니를 알덴테로 삶고 잣은 팬에 노릇하게 굽는다.

❹ 팬에 오일을 두르고 마늘, 베이컨을 볶다가 양송이, 표고버섯을 볶는다.

❺ ❹에 생크림과 우유를 넣고 끓인 후 페투치니를 넣고 농도를 조절하여 소금과 통후추로 간한다.
→ 불을 끈 후 달걀노른자와 그라나파다노를 넣고 섞는다.

❻ 그릇에 담고 구운 잣과 바질 잎, 그라나파다노를 토핑한다.

Chef's Tip

- 크림 계열의 파스타소스에 원가절감을 위해 치킨육수나 베샤멜소스 등을 사용하기도 한다.
- 소스가 분리되었을 경우 우유를 첨가하면 다시 유화될 수 있다.
- 크림소스에 사용되는 파스타는 흡수가 용이한 넓은 면의 파스타를 사용하는 것이 좋다.
- 생크림, 우유, 달걀노른자, 그라나파다노, 통후추를 미리 섞어 놓고 사용하면 편리하다.

썬 드라이 토마토페스토의 연어 파르팔레

Salmon Farfalle with Sun Dried Tomato Pesto

재료
Ingredients

- 연어 70g • 파르팔레 60g • 썬 드라이 토마토 5개
- 양파 30g • 마늘 2개 • 블랙올리브 3개 • 버터 10g
- 아스파라거스 1개 • 화이트와인 30ml • 바질 1잎
- 그라나파다노 5g • 올리브오일 50ml • 처빌 1잎
- 딜 1잎 • 소금 5g • 통후추 3g

시험시간
35분

요구사항
Requirements

주어진 재료를 사용하여 다음과 같이 만드시오.

❶ 주어진 재료만을 사용하여 작품을 완성한다.
❷ 재료 손질은 위생적이며 안전하게 이루어져야 한다.
❸ 연어가 잘게 부서지지 않도록 주의하여 조리해야 한다.
❹ 파르팔레는 알덴테(al dente)로 익혀야 한다.

요리방법
Cooking Method

❶ 양파는 1cm 다이스, 마늘 1개는 편 썰고 1개는 곱게 다진다.

❷ 바질은 곱게 다지고 아스파라거스는 4cm로 썰어 끓는 물에 데친다.

❸ 썬 드라이 토마토 2개는 길게 3등분, 3개는 곱게 다진다.

❹ 연어는 너비 3cm, 두께 1cm로 썰어 올리브오일, 딜, 소금, 통후추로 마리네이드한다.

❺ 파르팔레는 끓는 물에 알덴테로 삶고 삶은 물은 남겨 놓는다.

❻ 썬 드라이 토마토 페스토 : 곱게 다진 썬 드라이 토마토, 마늘, 바질에 올리브오일, 그라나파다노를 섞는다.

❼ 팬에 오일을 두른 후 편 썰어놓은 마늘과 양파를 볶고 그 위에 연어를 얹어 스웨이트(Sweat) 후 화이트와인으로 플랑베한다.

❽ ❼에 파스타육수와 썬 드라이 토마토 페스토, 파르팔레를 넣고 섞는다.

❾ ❽에 아스파라거스, 썬 드라이 토마토, 올리브를 넣고 소금과 통후추로 간한다.

❿ 불에서 내린 뒤 버터를 넣고 섞어서 완성하고 그릇에 담아 처빌을 토핑한다.

Chef's Tip

- 토마토 소스를 사용해도 되지만, 썬 드라이 토마토를 페스토를 사용함으로써 재료 본연의 맛과 깔끔한 맛을 느낄 수 있다.
- 다양한 숏 파스타를 사용할 수 있다.
- 페스토는 블렌더에 곱게 갈아 사용해야 깔끔한 페스토 소스의 식감을 느낄 수 있다.

펜네 아라비아타

Penne Arabiatta

재료
Ingredients

- 펜네 70g • 토마토홀(캔 국물 포함) 250g • 양파 30g
- 마늘 2개 • 올리브오일 30ml • 건오레가노 0.2g
- 소금 7g • 통후추 5g • 설탕 3g • 전분 3g
- 치킨육수 50ml • 페페론치노 3개 • 방울토마토 3개
- 바질 2잎 • 그라나파다노 5g • 월계수 잎 1장

시험시간
35분

요구사항
Requirements

주어진 재료를 사용하여 다음과 같이 만드시오.

❶ 주어진 재료만을 사용하여 작품을 완성한다.
❷ 재료 손질은 위생적이며 안전하게 이루어져야 한다.
❸ 소스가 너무 되직하거나 묽지 않게 완성되어야 하며 지방이 분리되지 않게 하여야 한다.
❹ 펜네는 알덴테(al dente)로 익혀야 한다.

요리방법
Cooking Method

❶ 방울토마토는 2등분, 양파와 마늘 1개는 곱게 다지고, 1개는 편으로 썬다.

❷ 토마토 홀은 굵은체에 거르고 꼭지는 칼로 다진다.

❸ 토마토 소스 : 팬에 오일을 두르고 다진 마늘, 다진 양파를 볶다가 토마토 홀과 치킨육수, 월계수 잎을 넣고 중불에서 은근히 끓인다. → 설탕, 소금, 통후추, 오레가노를 넣고 전분물로 농도를 조절한다.

❹ 펜네는 끓는 물에 알덴테로 삶는다.

❺ 팬에 오일을 두르고 편 마늘을 볶다가 페페론치노를 손으로 부셔 살짝 볶는다. → 토마토 소스 → 펜네, 방울토마토, 바질 잎을 뜯어서 넣고 끓인다. → 소금, 통후추로 간하고 불에서 내려 그라나파다노를 넣고 섞는다.

❻ 그릇에 담고 바질 잎과 그라나파다노를 토핑한다.

Chef's Tip

- 식감을 위해 토마토 홀이 너무 곱게 다져지지 않게 주의해야 한다.
- 페페론치노 대신 베트남 고추를 사용해도 된다.
- 농도 조절 시 전분물이 과하지 않게 주의해야 한다.(수분과 토마토가 섞일 정도만)

치킨살사 퀘사디아

Chicken Salsa Quesadilla

재료
Ingredients

- 닭 가슴살 1개 • 또띠아(10인치) 2장 • 스위트 콘 30g
- 모차렐라 치즈 40g • 그라나파다노 3g
- 발사믹 크림 10g • 어린잎 5g • 로즈마리 1잎
- 양파 20g • 청피망 20g • 홍피망 20g • 할라피뇨 20g
- 토마토케첩 60g • 핫 소스 5ml • 건오레가노 0.1g
- 블랙올리브 2개 • 레몬주스 10ml • 올리브오일 30ml
- 소금 5g • 통후추 3g

시험시간 **35분**

요구사항
Requirements

주어진 재료를 사용하여 다음과 같이 만드시오.

❶ 주어진 재료만을 사용하여 작품을 완성한다.

❷ 재료 손질은 위생적이며 안전하게 이루어져야 한다.

❸ 치킨살사의 농도가 너무 묽지 않게 조리되어야 한다.

❹ 또띠아가 타지 않게 조리하고 완성품은 6조각으로 잘라서 제출해야 한다.

요리방법
Cooking Method

❶ 닭 가슴살은 올리브오일, 로즈마리, 소금, 통후추로 마리네이드하여 팬에 구워 찢는다.

❷ 양파, 피망, 할라피뇨는 거칠게 다지고 블랙올리브는 0.2cm 두께로 썰어 놓는다.

❸ 치킨살사 : 팬에 오일을 두르고 양파와 피망을 먼저 볶고 구운 닭 가슴살, 토마토케첩, 핫 소스, 건오레가노를 넣어 볶다가 할라피뇨, 블랙올리브, 레몬주스, 소금, 통후추를 넣는다.

❹ 12인치 팬에 또띠아를 깔고 치킨살사 → 스위트 콘 → 모차렐라 치즈 → 그라나파다노를 올리고 또띠아로 덮어 약한 불에서 굽는다.(뚜껑을 덮어 조리하면 시간을 단축할 수 있다)

❺ 6등분으로 커팅하여 접시에 담고 어린잎과 발사믹 크림을 토핑한다.

Chef's Tip

- 내용물을 채우고 오븐에서 구우면 쉽고 편리하게 조리할 수 있다.
- 내용물의 주재료는 메뉴의 컨셉과 선호도에 따라 응용하여 조리할 수 있다.

스파이시 치킨 랩

Spicy Chicken Wrap

재료
Ingredients

• 닭 가슴살 1/2개 • 또띠아(10인치) 1장 • 사워크림 20g
• 그린치커리 10g • 레드치커리 10g • 양상추 20g
• 롤라로사 20g • 겨자 잎 10g • 고수 잎 1장 • 토마토 1/2개
• 레몬주스 10ml • 할라피뇨 10g • 체더 슬라이스치즈 1장
• 오이피클(홀) 1개 • 프렌치프라이 100g • 전분 20g
• 토마토케첩 20g • 마요네즈 50g • 프렌치머스터드 10g
• 씨겨자 10g • 꿀 15g • 중력분 200g • 칠리파우더 3g
• 건타임 0.2g • 강황가루 2g • 올리브오일 5ml
• 샐러드오일 200ml • 소금 5g • 백후추 0.3g • 통후추 3g

시험시간
40분

요구사항
Requirements

주어진 재료를 사용하여 다음과 같이 만드시오.

❶ 주어진 재료만을 사용하여 작품을 완성한다.
❷ 재료 손질은 위생적이며 안전하게 이루어져야 한다.
❸ 치킨은 바삭함을 유지하고 숙련되게 말아야 한다.
❹ 또띠아가 찢어지지 않아야 하고 완성품은 반으로 잘라 2점을 제출한다.

요리방법
Cooking Method

❶ 믹스채소(치커리, 양상추, 롤라로사, 겨자 잎)는 찬물에 담가 물기를 제거한다.
❷ 닭 가슴살은 1.5cm 두께로 썰어 올리브오일, 칠리파우더, 소금, 통후추로 마리네이드한다.
❸ 오이피클은 0.3cm 두께로 길게 썰고, 토마토는 속씨 제거 후 0.5cm로 다이스, 할라피뇨와 고수는 다지기, 체더 치즈는 3등분한다.
❹ 씨겨자 소스 : 마요네즈, 프렌치머스터드, 씨겨자, 꿀, 레몬주스를 섞는다.
❺ 파우더 : 중력분, 전분, 백후추, 칠리파우더, 설탕, 소금, 건타임, 강황가루를 혼합한다.
❻ 토마토살사 : 토마토, 할라피뇨, 고수, 올리브오일, 레몬주스, 소금, 통후추를 혼합한다.
❼ 프렌치프라이는 170℃의 기름에 바삭하게 튀긴다.
❽ 파우더에 정수를 섞어 배터 액을 만들고 닭 가슴살을 배터 액 → 파우더에 고루 묻혀 170℃ 기름에 튀긴다.
❾ 또띠아에 사워크림 → 믹스채소 → 토마토살사 → 오이피클 → 닭 가슴살튀김 → 치즈 → 씨겨자 소스를 뿌리고 또띠아가 찢어지지 않게 말아 유산지로 포장한다.
❿ 절반으로 커팅하여 그릇에 담고 프렌치프라이와 토마토케첩을 곁들인다.

Chef's Tip

- 파우더는 지퍼팩 또는 비닐팩에 넣고 흔들어주면 잘 섞인다.
- 파우더에 원료육을 묻힐 때 손으로 누르지 않고 털어내듯 묻혀야 바삭한 식감을 얻을 수 있다.
- 내용물의 수분을 최소화해야 또띠아의 형태를 오래 유지할 수 있다.

그릴드 비프 랩

Grilled Beef Wrap

재료
Ingredients

- 쇠고기안심 70g • 또띠아(10인치) 1장 • 사워크림 20g
- 그린치커리 10g • 레드치커리 10g • 양상추 20g
- 롤라로사 20g • 겨자 잎 10g • 양파 30g • 청피망 20g
- 홍피망 20g • 오이피클(홀) 1개 • 프렌치프라이 100g
- 체더 슬라이스치즈 1장 • 루꼴라 20g • 베이컨 2개
- 로즈마리 1잎 • 마요네즈 50g • 고추장 10g
- 레몬주스 5ml • 샐러드오일 200ml • 올리브오일 30ml
- 설탕 3g • 토마토케첩 20g • 소금 3g • 통후추 3g

시험시간

30분

요구사항
Requirements

주어진 재료를 사용하여 다음과 같이 만드시오.

❶ 주어진 재료만을 사용하여 작품을 완성한다.
❷ 재료 손질은 위생적이며 안전하게 이루어져야 한다.
❸ 쇠고기의 굽기 정도는 미디엄 웰던(Medium Well-done)으로 한다.
❹ 또띠아가 찢어지지 않아야 하고 완성품은 반으로 잘라 2점을 제출한다.

요리방법
Cooking Method

❶ 믹스채소(치커리, 양상추, 롤라로사, 겨자 잎)와 루꼴라는 찬물에 담가 물기를 제거한다.
❷ 쇠고기는 1.5cm 두께로 길게 썰어 올리브오일, 로즈마리, 소금, 통후추로 마리네이드한다.
❸ 오이피클은 0.3cm 두께로 길게 썰고 피망, 양파는 쥘리앙(Julienne)으로 커팅(6×0.5cm)한다.
❹ 체더 슬라이스치즈는 3등분한다.
❺ K-치폴레(Chipotle) 소스 : 레몬주스에 설탕을 녹이고 마요네즈와 고추장을 섞는다.
❻ 프렌치프라이는 170℃의 기름에 바삭하게 튀긴다.
❼ 팬에 피망과 양파, 베이컨을 볶고 쇠고기는 그릴 또는 팬에 굽는다.
❽ 또띠아에 사워크림 → 믹스채소 → 루꼴라 → 오이피클 → 쇠고기 → 베이컨 → 양파와 피망 → 치즈 → 치폴레 소스를 뿌리고 또띠아가 찢어지지 않게 말아 유산지로 포장한다.
❾ 절반으로 커팅하여 그릇에 담고 프렌치프라이와 토마토케첩을 곁들인다.

Chef's Tip

- 차콜(Charcoal)그릴에 구우면 고기의 풍미가 높아지며 지방의 함량도 줄일 수 있다.
- 치폴레 소스는 한국식으로 변형하여 사용하였다.
- 따뜻하게 먹기도 하지만 냉장 보관하여 차갑게 먹어도 맛있다.

라구 소스의 시칠리아식 아란치니

Sicilian-style Arancini with Ragu Sauce

재료
Ingredients

- 샤프론 라이스 200g • 모차렐라 치즈 15g • 중력분 30g
- 그라나파다노 10g • 달걀 1개 • 빵가루 100g
- 셀러리 30g • 간 쇠고기 100g • 양파 50g • 마늘 1개
- 당근 30g • 토마토홀 3개 • 토마토페이스트 10g
- 레드와인 20ml • 우스터소스 20ml • 건오레가노 0.2g
- 건타임 0.1g • 올리브오일 30ml • 샐러드오일 100ml
- 오레가노 1잎 • 소금 5g • 통후추 3g

시험시간
35분

요구사항
Requirements

주어진 재료를 사용하여 다음과 같이 만드시오.

❶ 주어진 재료만을 사용하여 작품을 완성한다.
❷ 재료 손질은 위생적이며 안전하게 이루어져야 한다.
❸ 일정한 형태로 아란치니를 성형하여야 한다.
❹ 라구 소스는 너무 묽거나 되직하지 않게 조리하고 완성품은 5개를 제출하여야 한다.

요리방법
Cooking Method

❶ 마늘은 다지고, 양파, 당근, 셀러리, 토마토 홀은 0.5cm로 다이스(Dice)하여 커팅한다.
❷ 라구 소스 : 팬에 오일을 두르고 양파, 마늘, 당근, 셀러리를 볶는다. → 간 쇠고기와 밀가루를 볶아 레드와인으로 플랑베한다. → 토마토홀, 토마토페이스트, 우스터소스 → 정수, 건오레가노, 건타임을 넣고 중불에서 은근히 끓여 소금과 통후추로 간을 맞춘다.
❸ 샤프론 라이스에 소금으로 간하고 모차렐라 치즈와 그라나파다노를 채워 둥글게 말아준다.
❹ ❸에 밀가루 → 달걀물 → 빵가루 순으로 입혀 170℃의 기름에 노릇하게 튀긴다.
❺ 그릇에 라구 소스를 담고 튀긴 아란치니를 올려 오레가노와 그라나파다노를 토핑한다.

Chef's Tip

- 샤프론 라이스는 밥을 지을 때 샤프론을 넣고 지으면 된다.(치자로 대체 가능)
- 아란치니 성형 시 손에 물을 묻히면 밥풀이 손에 달라붙는 것을 방지할 수 있다.
- 한국 식재료(김치, 멸치, 불고기 등)를 내용물로 사용하여 모던 한식 메뉴로도 활용 가능하다.

발사믹 리오네즈 소스와 달걀프라이를 곁들인 채끝 등심스테이크

Sirloin Steak with Balsamic Lyonnaise Sauce and Fried Egg

재료
Ingredients

- 채끝등심 150g • 달걀 1개 • 발사믹 식초 30ml
- 레드와인 30ml • 양파 50g • 파인애플(캔) 1개
- 감자 1개 • 브로콜리 30g • 루꼴라 10g • 로즈마리 1잎
- 우유 100ml • 스위트 콘 30g • 브라운 소스 100ml
- 올리브오일 50ml • 버터 30g • 설탕 3g • 소금 10g
- 통후추 5g

시험시간
40분

요구사항
Requirements

주어진 재료를 사용하여 다음과 같이 만드시오.

❶ 주어진 재료만을 사용하여 작품을 완성한다.
❷ 재료 손질은 위생적이며 안전하게 이루어져야 한다.
❸ 쇠고기의 굽기 정도는 미디엄 웰던(Medium Well-done)으로 한다.
❹ 달걀은 반숙으로 조리하고 소스의 농도가 너무 묽거나 되지 않게 조리하여야 한다.

요리방법
Cooking Method

❶ 채끝등심은 올리브오일, 로즈마리, 소금, 통후추로 마리네이드한다.
❷ 양파는 얇게 에멩세(Emincer)하고 브로콜리는 줄기까지 큼직하게 떼어 끓는 물에 데친다.
❸ 콘 매쉬드 감자 : 감자는 껍질 제거 후 큼직하게 썰어 삶아 으깨고 스위트 콘, 우유를 넣어 볶다가 소금과 통후추로 간을 맞춘다. → 불에서 내려 버터를 넣고 섞어준다.
❹ 발사믹 리오네즈 소스 : 팬에 오일을 두르고 양파를 갈색이 될 때까지 볶는다. → 레드와인으로 플랑베(Flambee)하고 발사믹 식초와 설탕을 넣고 조린다. → 브라운 소스를 넣어 농도 조절 후 소금, 통후추로 간을 맞추고 불을 끈 후 버터를 섞어준다.
❺ 채끝등심은 미디엄 웰던으로 굽고 달걀은 반숙으로 프라잉한다.
❻ 브로콜리와 파인애플은 센 불에서 단시간 소테(Sauté)한다.
❼ 그릇에 채끝등심을 담고 달걀 반숙을 올린 후 소스를 뿌린다. → 콘 매쉬드 감자와 파인애플, 브로콜리, 루꼴라를 곁들인다.

Chef's Tip

- 리오네즈 소스는 시큼한 식초를 이용하는 갈색소스 중 하나이다.(다양한 식초이용 가능)
- 브라운 소스는 미르쁘와(Mire-poix)에 토마토페이스트와 스톡, 루를 이용하여 만드는 소스이다.
- 매쉬드 감자는 체에 내려 조리하는 것이 일반적이지만 식감을 위해 거칠게 하기도 한다.

레몬 크림소스의 연어 스테이크

Salmon Steak with Lemon Cream Sauce

재료
Ingredients

- 연어 150g • 그린 빈 30g • 알감자 2개 • 마늘 5개
- 양파(가로 컷) 50g • 청피망 50g • 홍피망 50g
- 딜 1잎, 로즈마리 1잎 • 타임 1잎 • 레몬 1/4개
- 씨겨자 10g • 화이트와인 20ml • 생크림 70ml
- 버터 20g • 올리브오일 60ml • 소금 10g • 통후추 5g

시험시간
40분

요구사항
Requirements

주어진 재료를 사용하여 다음과 같이 만드시오.

❶ 주어진 재료만을 사용하여 작품을 완성한다.
❷ 재료 손질은 위생적이며 안전하게 이루어져야 한다.
❸ 연어는 속까지 웰던(Well-done)으로 익히고 소스가 분리되지 않게 조리하여야 한다.

요리방법
Cooking Method

❶ 연어는 올리브오일, 딜, 소금, 통후추로 마리네이드한다.
❷ 알감자는 껍질째 삶은 후 껍질을 제거하고 4등분한다.
❸ 양파는 1cm 두께의 원형 슬라이스, 피망은 1/2의 사선으로 썰어 놓는다.
❹ 양파와 마늘 1개, 로즈마리는 다져 놓는다.
❺ 연어는 팬에 시어(Sear)하고 화이트와인으로 플랑베 후 팬이나 오븐에서 익힌다.
❻ 마늘은 올리브오일에 타임을 줄기째 넣고 약한 불에서 천천히 익힌다.(Confit 타입)
❼ 그린 빈, 양파, 피망은 오일을 두른 팬에 소금과 통후추로 간하여 센 불에서 굽는다.
❽ 알감자는 버터, 로즈마리, 소금, 통후추를 넣고 볶다가 마지막에 씨겨자를 넣고 섞는다.
❾ 레몬크림소스 : 소스팬에 오일을 두른 뒤 다진 마늘, 다진 양파를 볶고 화이트와인으로 데글라세(Deglace)한다. → 생크림을 넣고 끓이면서 농도를 조절하고 레몬즙을 넣는다. → 소금과 통후추로 간을 맞춘다.
❿ 접시에 구운 연어와 곁들임 채소를 담고 레몬크림소스를 뿌려준다.

Chef's Tip

- 일반적으로 화이트소스 계열의 크림소스는 슈프림(Supreme)소스나 베샤멜(Bechamel)소스에 생크림과 레몬주스를 넣어 만든다.
- 크림소스는 생선뿐 아니라 채소나 가금류에도 자주 사용하는 소스이다.

스피니치 치킨

Spinach Chicken

재료
Ingredients

- 닭 가슴살 1개 • 시금치 50g • 홍피망 50g
- 양파 50g • 모차렐라 치즈 70g • 프렌치머스터드 15g
- 체더 슬라이스치즈 1장 • 생크림 100ml • 마요네즈 5g
- 로즈마리 1잎 • 올리브오일 30ml • 소금 7g • 통후추 5g

시험시간
35분

요구사항
Requirements

주어진 재료를 사용하여 다음과 같이 만드시오.

❶ 주어진 재료만을 사용하여 작품을 완성한다.
❷ 재료 손질은 위생적이며 안전하게 이루어져야 한다.
❸ 닭 가슴살이 타지 않고 내용물이 빠져 나오지 않게 조리되어야 한다.
❹ 소스가 너무 묽거나 되직하지 않고 지방이 분리되지 않아야 한다.

요리방법
Cooking Method

❶ 닭 가슴살은 가운데 부분을 갈라 두들겨주고 소금, 통후추, 로즈마리로 마리네이드한다.
❷ 시금치는 끓는 물에 데치고 양파, 홍피망, 체더 슬라이스치즈는 1cm로 다이스(Dice)하여 준비한다.
❸ ❷에 모차렐라 치즈, 마요네즈, 소금, 통후추를 넣고 고루 섞어 닭 가슴살에 채운다.
❹ 팬에 올리브오일을 두르고 ❸을 노릇하게 구워 적당한 크기로 자른다.
❺ 소스팬에 생크림을 넣고 끓으면 프렌치머스터드를 넣고 농도를 조절하여 소금, 통후추로 간하여 크림소스를 완성한다.
❻ 그릇에 소스를 담고 구운 닭 가슴살을 얹어 완성한다.

Chef's Tip

- 최근 국내 요리프로에서 셰프가 선보인 바 있는 메뉴이다.
- 클래식한 메뉴이며 전통적으로 시금치에 리코타 치즈를 채워 조리한다.

구운 바나나와 팬케이크

Pan Cake with Caramelized Banana

재료
Ingredients

- 박력분 170g • 설탕 50g • 소금 2g • 우유 150ml
- 달걀 2개 • 베이킹파우더 2g • 버터 25g
- 바닐라에센스 2ml • 바나나 1/2개 • 황설탕 15g
- 스위트와인 30ml • 휘핑크림 50ml
- 팬케이크시럽 30ml • 슈거파우더 10g • 애플민트 1잎

시험시간
35분

요구사항
Requirements

주어진 재료를 사용하여 다음과 같이 만드시오.

❶ 주어진 재료만을 사용하여 작품을 완성한다.
❷ 재료 손질은 위생적이며 안전하게 이루어져야 한다.
❸ 팬케이크의 색이 고루 나게 조리하고 3점을 제출하여야 한다.

요리방법
Cooking Method

❶ 박력분, 베이킹파우더는 체에 내린다.

❷ 우유에 설탕, 소금을 넣고 녹여 ❶과 달걀, 버터, 바닐라에센스를 섞어 체에 내린다.

❸ 팬케이크 반죽을 약한 불에서 색이 고루 날 수 있게 굽는다.

❹ 휘핑크림은 거품기(Whipper)로 저어 거품형태로 준비한다.

❺ 바나나는 어슷하게 3등분하여 팬에 버터를 넣고 황설탕을 첨가하여 갈색이 나면 스위트와인으로 플랑베한다.

❻ 접시에 팬케이크를 담고 그 위에 구운 바나나와 애플민트를 올리고 슈거파우더를 뿌린다.

❼ 휘핑크림과 팬케이크시럽을 곁들인다.

Chef's Tip

- 팬케이크는 오래전부터 조식이나 후식, 간식의 경계가 없이 많은 사람들이 좋아하는 음식이다.
- 팬은 스크래치가 없이 코팅이 잘 되어 있어야 색상이 고루 날 수 있다.
- 최근에는 달걀흰자 머랭을 이용하여 폭신하고 부드러운 팬케이크를 만들기도 한다.

아이스크림을 채운 오렌지소스의 크레페 수제트

Crepe Suzette Filled with Ice Cream

재료
Ingredients

- 박력분 50g • 설탕 30g • 달걀 1개 • 우유 100ml
- 바닐라에센스 1ml • 아이스크림 1scoop • 버터 5g
- 오렌지 1/2개 • 오렌지주스 200ml • 체리와인 2ml
- 슈거파우더 5g • 전분 5g • 라즈베리 3개
- 레몬주스 5ml • 애플민트 1잎

시험시간
30분

요구사항
Requirements

주어진 재료를 사용하여 다음과 같이 만드시오.

❶ 주어진 재료만을 사용하여 작품을 완성한다.
❷ 재료 손질은 위생적이며 안전하게 이루어져야 한다.
❸ 크레페 반죽이 찢어지지 않고 소스의 농도는 너무 묽거나 되직하지 않게 조리한다.

요리방법
Cooking Method

❶ 오렌지는 세그먼트(Segment), 제스트(Zest)하여 즙을 따로 준비한다.
❷ 우유에 설탕을 녹여 박력분, 달걀노른자, 바닐라에센스를 섞어 체에 내린다.
❸ 팬에 크레페 반죽을 얇게 부치고 식으면 아이스크림을 채운다.
❹ 오렌지주스(즙 포함)에 설탕, 체리와인, 레몬주스, 오렌지 제스트, 세그먼트를 넣고 끓인 후 전분물로 농도를 조절하고 불에서 내려 버터를 넣어 섞어준다.
❺ 접시에 오렌지소스를 담고 아이스크림을 채운 크레페를 올린다.
❻ 라즈베리와 애플민트로 장식하고 슈거파우더를 뿌린다.

Chef's Tip

- 아이스크림은 미리 스쿱(scoop)으로 1개씩 떠서 냉동하여 사용하면 편리하다.
- 크레페 전용 팬을 사용하면 쉽고 얇게 반죽을 부칠 수 있다.

에그 타르트

Egg Tart

재료
Ingredients

- 패스트리시트(7×7cm) 5장 또는 타르트 쉘 5개
- 달걀 1개 • 생크림 50ml • 우유 60ml • 설탕 25g
- 바닐라에센스 1ml • 딸기잼 30g • 라즈베리 5개
- 애플민트 2잎

시험시간
45분

요구사항
Requirements

주어진 재료를 사용하여 다음과 같이 만드시오.

❶ 주어진 재료만을 사용하여 작품을 완성한다.
❷ 재료 손질은 위생적이며 안전하게 이루어져야 한다.
❸ 에그 타르트는 5점을 제출하고 쉘(Shell)은 바삭하게 익도록 한다.

요리방법
Cooking Method

❶ 패스트리시트를 타르트 틀에 맞춰 잘라 넣는다.
❷ 필링(Filling) : 생크림과 우유, 설탕을 기포가 날 때까지만 끓인다. → 달걀노른자와 바닐라에센스를 넣고 섞어 체에 거른다.
❸ 쉘에 필링을 90% 채운다.
❹ 180℃ 오븐에 25~30분간 구워서 식힌다.
❺ 딸기잼으로 코팅하고 라즈베리와 애플민트를 토핑한다.

Chef's Tip

- 오븐 사양에 맞게 온도와 시간을 조절하여야 한다.
- 후식이나 커피와 함께 간식으로 즐길 수 있는 메뉴이다.

memo

3. 건강주스 스페셜 5(Special Healthy Juice 5)

캐로플

Carropple

당근(Carrot)과 사과(Apple)를 지칭하는 말로 사과는 식이섬유인 펙틴(Pectin)이 많이 들어 있어 장 활동을 활발하게 해주며 비타민 C가 많아 면역력을 높여준다. 당근은 철분이 풍부해서 빈혈 예방에 좋으며 면역력 증진 및 위를 보호해 주고 비타민 A가 많아 눈 건강에 좋다. 하루 일과를 시작하기 전인 아침에 음용하는 것을 추천한다.

재료
Ingredients

- 사과 1개(220g)
- 당근 1/2개(100g)
- 얼음 4조각(큐브)
- 꿀 1T
- 레몬즙 1t

요리방법
Cooking Method

❶ 당근은 껍질을 제거하고 사과와 함께 깨끗이 세척하여 큼직하게 썬다.

❷ 주서기에 사과, 당근, 얼음을 넣고 갈아준다.

❸ 꿀과 레몬즙을 섞어 주스 잔에 담는다.

* 일반 블렌더를 사용할 경우 사과는 껍질과 씨를 제거하고 모든 재료를 함께 넣어 블렌딩한다.

* 경우에 따라 정수를 첨가할 수도 있다.

뷰티

Beauty

뷰티 주스에 들어가는 재료들은 칼로리가 낮고 피부미용(기미, 주근깨 등 예방)에 좋아 여성들에게 적극 추천한다. 주로 피부의 건조가 시작되는 환절기에 음용할 것을 추천한다.

재료
Ingredients

- 토마토 1개
- 오렌지 1개
- 오이 20g
- 파프리카(노랑) 1/2개
- 셀러리 20g
- 레몬즙 1T

요리방법
Cooking Method

❶ 오렌지는 껍질을 제거하고 오이는 돌기를 제거해 준다.

❷ 파프리카는 꼭지와 씨를 제거한다.

❸ 모든 재료는 큼직하게 썰어 준비한다.

❹ 주서기에 토마토, 오렌지, 오이, 파프리카, 셀러리를 넣고 갈아준다.

❺ 레몬즙을 섞어 주스 잔에 담는다.

* 일반 블렌더를 사용할 경우 오이는 껍질을 제거하고 셀러리는 질긴 섬유질을 벗긴 후 모든 재료를 함께 넣어 블렌딩한다.

에너자이저

Energizer

에너자이저는 바쁜 일상으로 인해 지친 피로감을 해소할 수 있도록 원기를 북돋우는 의미의 주스이다. 수박은 낮은 칼로리에 포만감을 느끼게 해주므로 다이어트에도 도움이 되며 인삼은 원기회복에 좋은 재료이다. 더운 여름이나 특히, 남성들에게 추천하는 주스이다.

재료
Ingredients

- 수박 200g
- 사과 1개
- 수삼 1/2개

요리방법
Cooking Method

❶ 수박은 껍질을 제거하고 사과와 수삼은 깨끗하게 세척한다.

❷ 사과와 수박은 큼직하게 썰고 수삼은 얇게 저민다.

❸ 주서기에 수박과 사과, 수삼을 넣고 갈아준다.

❹ 주스 잔에 담는다.

* 일반 블렌더를 사용할 경우 사과와 수박은 껍질과 씨를 제거한 후 모든 재료를 함께 넣고 블렌딩한다.

트로피칼

Tropical

트로피칼은 열대과일을 뜻하며, 주스에 많이 이용하는 재료 중 하나이다. 다이어트 효과와 비타민, 미네랄, 식이섬유가 풍부하여 신진대사를 돕는 효능이 있다. 여성과 청소년들에게 추천한다.

재료
Ingredients

- 오렌지 1/2개
- 망고(냉동) 80g
- 플레인 요구르트 80g
- 레몬즙 1T

요리방법
Cooking Method

❶ 오렌지는 껍질을 제거한다.

❷ 주서기에 오렌지, 망고를 넣고 갈아준다.

❸ 플레인 요구르트와 레몬즙을 섞어 주스 잔에 담는다.

* 일반 블렌더를 사용해도 무방하며 모든 재료를 함께 넣어 블렌딩한다.

리커버리

Recovery

'회복되다', '치유되다'의 의미로 케일은 녹황색 채소 중 베타카로틴 함량이 가장 높아 항암작용 및 조혈작용, 청혈작용, 신진대사를 촉진한다. 또한, 해독주스로도 인기가 높은 식재료이다. 파인애플과 궁합이 좋으며 중 · 장년층에 추천하고 싶은 주스이다.

재료
Ingredients

- 파인애플 골드 1/4개
- 케일 30g
- 정수 50ml
- 꿀 1T

요리방법
Cooking Method

❶ 파인애플은 껍질을 제거하고 큼직하게 썰어놓는다.

❷ 케일은 깨끗이 씻어 큼직하게 썰어놓는다.

❸ 주서기에 파인애플과 케일을 넣고 갈아준다.

❹ 정수와 꿀을 섞어 주스 잔에 담는다.

* 일반 블렌더를 사용할 경우 파인애플은 껍질과 심지를 제거한다.
* 케일을 정수에 먼저 블렌딩하고 파인애플과 꿀을 넣어 블렌딩한다.

Chapter 2

이태리요리

Italian Cuisine

Chapter 2

이태리요리 Italian Cuisine

1. 이태리요리의 개요

유럽대륙의 반도국가로 한국과 지형이 비슷하고 면과 해산물요리가 발달하였으며 프랑스, 독일과 더불어 서양음식을 대표하는 나라이다. 15세기와 16세기 프랑스에 황후를 보냈을 때 요리사를 동행시켜 요리기술이 프랑스에 전파되면서 서양요리의 근원이 되었다.

특징은 소스보다는 주재료에 중점을 두어 신선한 재료 사용과 재료가 가지고 있는 맛을 최대한 보존하는 조리법을 추구한다. 주로 사용되는 식재료는 올리브오일과 밀, 치즈(고르곤졸라, 모차렐라, 리코타 등), 와인(토스카나, 키안티 등) 등이 있는데, 지역에 따라 생산되는 재료가 달라 같은 이름의 메뉴에도 조리방법이나 재료의 쓰임새가 다르다. 남쪽에서는 버터보다는 특산물인 올리브오일을 많이 사용하고 마늘과 토마토를 이용한 요리가 발달되었다. 반대로 북쪽 지방은 대부분의 요리에 버터를 많이 사용하고 풍부하게 생산되는 밀가루와 쌀을 이용한 면요리가 발달되었다.

주요 음식은 수백 가지의 주식으로 섭취하고 있는 파스타(Pasta)이다. 파스타는 밀가루를 반죽하여 건조하거나 날것을 요리하여 먹는 것으로 밀가루 면의 총칭으로 쓰인다. 길이에 따라 펜네(Penne), 푸실리(Fusilli), 마카로니(Macaroni), 파르팔레(Farfale) 등의 숏(Short) 파스타와 스파게티(Spaghetti), 링귀네(Linguine), 페투치니(Fettucini) 등의 롱(Long) 파스타로 나누고, 여러 가지 색을 첨가해 다양한 모양과 색의 파스타가 생산된다. 알덴테(Al dente)로 삶아 차가운 샐러드에 넣어 먹는 방법과 다양한 소스에 조리하는 방법, 올리브오일에 조리하는 방법, 오븐에 구워서 먹는 방법 등 조리방법이 다양하다. 대표적인 파스타 메뉴로는 까르보나라 파스타, 토마토 파스타, 오일파스타, 봉골레 파스타 등이 있다.

파스타와 함께 이탈리아 대표음식으로 빼놓을 수 없는 것이 피자(Pizza)이다. 나폴리에서 유래되었으며 최초에는 반죽을 발효하지 않고 기름과 식초만 넣어 납작하게 구워 마늘과 양파를 곁들여 먹었다. 피자를 대표하는 나폴리피자는 이탈리아 국기를 상징하는 마르게리타(Margherita) 피자가 가장 유명하고, 형태에 따라 칼조네(Calzone), 판제로티(Panzerotti)로 불린다. 피자는 국내뿐 아니라, 전 세계적으로 즐겨 먹는 음식이며 국가별 · 개인별로 토핑과 도우, 스타일이 활발하게 연구 · 개발되고 있어 새로운 문화의 피자가 탄생하고 있다.

2. 이태리요리

■ 수검자 유의사항(공통)

1. 조리작품 만드는 순서는 틀리지 않게 하여야 한다.
2. 숙련된 기능으로 맛을 내야 하므로 조리작업 시 음식의 맛을 보지 않는다.
3. 채점대상에서 제외되는 경우
    1) 시험시간 내에 과제 두 가지를 제출하지 못한 경우 : 미완성
    2) 시험시간 내에 제출된 과제라도 다음과 같은 경우
        가. 문제의 요구사항대로 작품의 수량이 만들어지지 않은 경우 : 미완성
        나. 해당 과제의 지급재료 이외의 재료를 사용한 경우 : 오작
        다. 구이를 찜으로 조리하는 등과 같이 조리방법을 다르게 만든 경우 : 오작
        라. 불을 사용하여 만든 조리작품이 작품특성에 벗어나는 정도로 타거나 익지 않은 경우 : 실격
        마. 가스레인지 화구를 2개 이상 사용한 경우 : 실격
        바. 시험 중 시설 및 장비(칼, 가스레인지 등) 사용 시 감독위원 및 타 수험자의 시험 진행에 위협이 될 것으로 감독위원 전원이 합의하여 판단한 경우 : 실격

memo

브루스케타

Bruschetta

재료
Ingredients

- 바게트빵 1/8개 • 엑스트라 버진 올리브오일 50g
- 마늘 3쪽 • 방울토마토 8개 • 바질 2잎
- 이태리파슬리 4줄기 • 양파 1/6개 • 통통한 가지 1/2개
- 소금 약간 • 후추 약간

시험시간
25분

요구사항
Requirements

주어진 재료를 사용하여 다음과 같이 만드시오.

❶ 주어진 재료만을 사용하여 작품을 완성한다.
❷ 재료 손질은 위생적이며 안전하게 이루어져야 한다.
❸ 완성작은 가지 부르스케타 2점, 토마토 부르스케타 2점을 제출한다.

요리방법
Cooking Method

❶ 가지, 토마토, 마늘은 다져 놓고 가지는 다진 후 소금에 살짝 절여 놓는다.
❷ 바게트 빵은 두께 1cm의 크기로 썰어 그 위에 올리브오일을 살짝 바르고 팬에 구워 색이 살짝 노릇하게 앞뒤로 익힌다.
❸ 팬에 올리브오일을 두르고 가지와 다진 마늘을 볶은 뒤 소금과 후추로 간하여 바게트 빵 위에 올린다.
❹ 토마토 다진 것에 파슬리를 다져서 같이 섞고 믹싱볼에 올리브오일을 넣고 토마토, 파슬리, 마늘, 양파, 바질 다진 것을 같이 넣어 소금과 후추로 간한 뒤 나머지 바게트 빵 위에 올린다. (토마토 부르스케타)
❺ 팬에 올리브오일을 살짝 두르고 다진 마늘과 양파를 조금 넣은 후 볶다가 가지를 첨가하여 살짝 익힌 다음 식혀서 다진 바질을 조금 넣는다. (가지 부르스케타)
❻ 이태리파슬리 2줄기로 가니쉬를 하고 빵을 접시에 담아낸다.

모차렐라 인 카로짜

Mozzarella In Carrozza

재료
Ingredients

• 밀가루 20 • 식용유 250cc • 후레쉬 토마토 ½개
• 이태리파슬리 약간 • 물 20ml • 빵가루 20g
• 올리브오일 10ml • 식빵 2장 • 안초비 2g • 달걀 1개
• 후레쉬 바질 약간 • 모차렐라 치즈 30g • 소금 · 후추 약간씩

시험시간
25분

요구사항
Requirements

주어진 재료를 사용하여 다음과 같이 만드시오.

❶ 주어진 재료만을 사용하여 작품을 완성한다.
❷ 재료 손질은 위생적이며 안전하게 이루어져야 한다.
❸ 식빵과 치즈를 동그란 몰드에 같은 크기로 찍어내거나 칼로 동그란 형태로 만든다.
❹ 치즈가 녹을 때까지 식빵을 노릇노릇하게 튀긴다.
❺ 완성된 카로짜는 소스와 같이 2개 제출한다.

요리방법
Cooking Method

❶ 식빵의 모서리를 잘라준 후, 식빵을 4등분하여 동그란 형태로 만든다.

❷ 모차렐라 치즈는 식빵보다 조금 작은 형태로 만들고 식빵 위에 올린다. 안초비는 4등분하여 얹은 후 식빵을 덮는다.

❸ 달걀물을 만들고 4등분한 빵 끝부분에 물을 살짝 묻힌 후 밀가루, 달걀물, 빵가루의 순서대로 묻혀준다.

❹ 140~150℃ 정도의 식용유에 노릇노릇해질 때까지 튀겨준다. (튀길 때 치즈가 밖으로 나오지 않도록 한다.)

❺ 접시에 완성작을 놓은 후 후레쉬 토마토 소스를 모양내어 담는다.

Chef's Tip

후레쉬 토마토 소스 만드는 법

- 팬에 올리브오일을 살짝 두른 후 적당한 온도가 되면 다진 마늘과 양파를 넣고 볶은 후 다진 토마토를 넣은 다음 소량의 바질을 넣고 소금, 후추로 간을 하여 완성한다.

카프레제 샐러드

Insalata Caprese

재료
Ingredients

• 생모차렐라 1/2봉지(약 120g) • 생바질 3잎
• 토마토 1개 • 엑스트라 버진 올리브오일 20g
• 치커리 5g • 아루굴라 5g(라디치오 5g)
• 그린비타민 5g • 소금 약간 • 후춧가루 약간

시험시간
20분

요구사항
Requirements

주어진 재료를 사용하여 다음과 같이 만드시오.

❶ 주어진 재료만을 사용하여 작품을 완성한다.
❷ 재료 손질은 위생적이며 안전하게 이루어져야 한다.
❸ 토마토는 4등분한다.
❹ 생모차렐라 치즈는 1cm 정도의 두께로 자른다.
❺ 바질을 넣은 페스토를 만든다.

요리방법
Cooking Method

❶ 그린치커리, 라디치오, 그린비타민을 흐르는 물에 깨끗하게 씻어 부케모양으로 만들어 준비해 놓는다.

❷ 토마토는 손질하여 밑바닥 부분에 칼집을 내어 끓는 물에 살짝 데친 후 찬물에 식힌 뒤 껍질을 벗긴다.

❸ 껍질을 벗긴 토마토는 4등분하여 씨를 제거한다.

❹ 바질은 다져서 소금과 후추, 올리브오일을 넣어 드레싱을 만든다.

❺ 생모차렐라 치즈는 1cm 정도의 두께의 타원형으로 썰어준다.

❻ 토마토와 생모차렐라 치즈를 동그랗게 돌려 담고 드레싱을 뿌려준다.

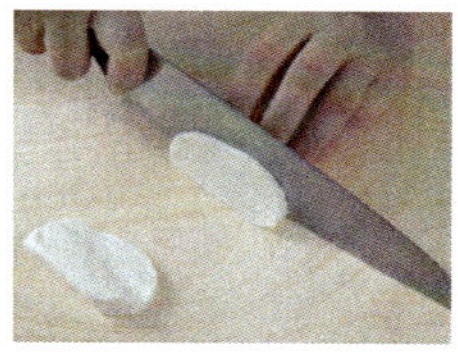
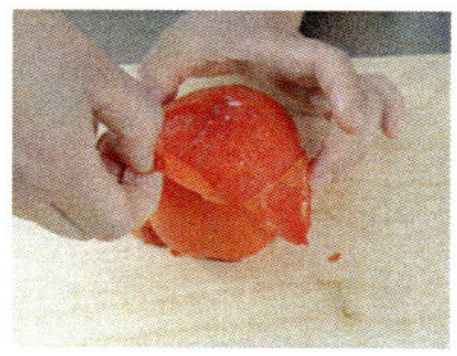

홍합수프

Zuppa di Cozze

재료
Ingredients

- 홍합 200g • 생토마토 60g
- 올리브오일 20g • 이태리고추 2개 • 당근 20g
- 양파 20g • 셀러리 20g • 소금 10g • 마늘 10g
- 식빵 ½장 • 이태리파슬리 10g • 버터 10g
- 물 400ml • 후추 10g • 화이트와인 20ml

시험시간
30분

요구사항
Requirements

주어진 재료를 사용하여 다음과 같이 만드시오.

❶ 주어진 재료만을 사용하여 작품을 완성한다.
❷ 재료 손질은 위생적이며 안전하게 이루어져야 한다.
❸ 양파와, 당근, 셀러리는 채 썰어 사용한다.
❹ 빵은 타원형으로 만들어 사용한다.
❺ 빵에 파슬리가루를 뿌려서 준비한다.
❻ 빵과 수프는 따로 준비하여 제출한다.
❼ 수프의 스톡량은 300ml 정도 제출한다.

요리방법
Cooking Method

❶ 홍합을 흐르는 물에 깨끗하게 손질하여 준비해 둔다.

❷ 다진 마늘과 양파, 당근, 셀러리는 채 썰어 놓는다. 토마토는 0.5×0.5cm 크기로 만들어 놓고 이태리파슬리는 다져서 면포를 이용하여 물기를 제거한다.

❸ 냄비를 달군 뒤 올리브오일을 넣고 다진 마늘과 양파, 당근, 셀러리 채 썬 것을 넣어 마늘이 연한 갈색이 나도록 볶아준다.

❹ 다른 소스팬에 준비한 홍합을 넣고 볶다가 물을 넣고 홍합의 입이 벌어질 때까지 끓인다.

❺ ❹에 ❸을 넣고 와인과 고추를 넣고 맛을 내어 간을 한다.

❻ 식빵은 타원형으로 잘라 다진 파슬리를 빵에 묻혀 팬에 기름을 두르지 않은 채 식빵의 양쪽 면에 갈색이 나도록 굽고 완성된 수프와 빵을 올려 완성한다.

미네스트로네 콘 베르두레

Minestrone con Verdure

재료
Ingredients

- 홀토마토 1/2개 • 잘 익은 토마토 1/2개
- 짧은 파스타(마카로니류) 5g • 양배추 잎 10g
- 삶은 콩 10g • 치킨스톡 200ml • 감자 1/4개
- 월계수 잎 1장 • 소금과 후추 약간
- 파마산치즈가루 5g • 서양대파 2g • 후레쉬 바질 1개

치킨스톡

- 물 300cc + 치킨베이스 2g

시험시간

40분

요구사항
Requirements

주어진 재료를 사용하여 다음과 같이 만드시오.

❶ 주어진 재료만을 사용하여 작품을 완성한다.
❷ 재료 손질은 위생적이며 안전하게 이루어져야 한다.
❸ 마늘, 양파, 양송이는 다진다.
❹ 셀러리, 당근, 홀토마토, 토마토 콩까세, 감자, 양배추는 1cm 주사위 모양으로 썬다.
❺ 펜네는 꼭 잘라주어야 한다.
❻ 바질페스토는 완성작품에 꼭 올려야 한다.

요리방법
Cooking Method

❶ 마늘, 양파는 다지고, 모든 채소는 1cm 크기의 주사위 모양으로 잘라준다.
❷ 홀토마토, 생토마토는 1cm 크기의 주사위 모양으로 썰어준다.
❸ 파스타는 6분 정도 삶아 야채 정도의 크기로 썰어 준비한다.
❹ 다진 후레쉬 바질, 마늘, 잣, 올리브오일, 파마산 치즈를 섞어 바질 페스토(제노베제 소스)를 만들어준다.
❺ 팬에 오일을 두르고 마늘, 양파를 볶은 후 잘 익지 않는 야채 순서로 넣어가면서 은근한 불에서 계속 볶는다.
❻ 치킨스톡과 월계수 잎을 넣어 중불에 충분히 내용물을 익힌 다음 소금과 후추로 간을 하고 파스타를 넣고 바질페스토(제노베제 소스)를 한 다음 완성한다.

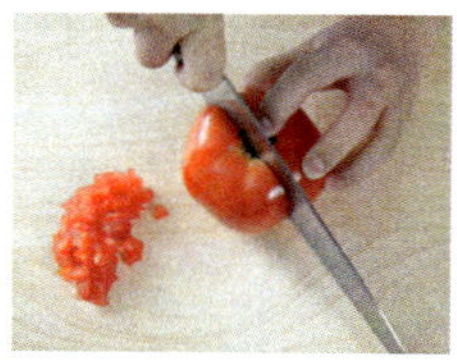

후레쉬 토마토 소스

Pomarola

재료

Ingredients

• 후레쉬 토마토 80g • 방울토마토 80g • 마늘 20g
• 양파 20g • 후레쉬 바질 3잎 • 올리브오일 10g
• 소금 · 후추 약간씩 • 이태리파슬리 약간 • 스톡 20ml

시험시간

25분

요구사항
Requirements

주어진 재료를 사용하여 다음과 같이 만드시오.

❶ 주어진 재료만을 사용하여 작품을 완성한다.
❷ 재료 손질은 위생적이며 안전하게 이루어져야 한다.
❸ 소스의 색깔과 농도가 정확해야 한다.

요리방법
Cooking Method

❶ 토마토와 방울토마토는 직경 0.5×0.5cm 정도의 크기로 자른다. 마늘과 양파는 일정한 크기로 다지고 파슬리는 다져서 면포를 이용하여 물기를 제거한다.

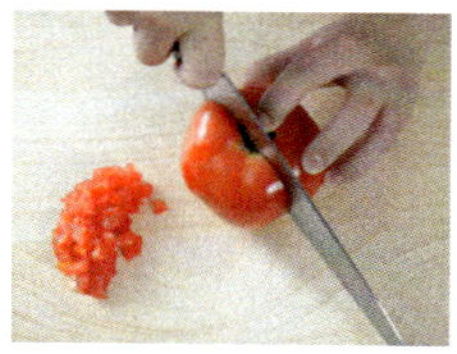

❷ 프라이팬을 달군 후, 올리브오일을 두르고 다진 마늘, 양파를 넣고 약간 연한 갈색이 될 때까지 볶은 다음 준비한 토마토를 넣어서 같이 볶아준다.

❸ 스톡을 넣고 소금, 후추 간을 하여 토마토가 익고 적당한 농도가 날 때까지 끓여준다. 농도가 어느 정도 나면 마지막에 바질 잎을 슬라이스하여 넣고 저어준다.

❹ 소스는 그릇에 담고 파슬리가루를 뿌려서 완성한다.

Chef's Tip

스톡

- 치킨베이스 1g, 물 20ml

토마토 해산물 스파게티

Spaghetti ai Frutti di Mare

재료

Ingredients

- 스파게티 면 100g • 바질 약간 • 바지락 15g
- 오징어 15g • 새우 1마리 • 관자 1개 • 홍합 20g
- 토마토 소스 120g • 올리브오일 약간 • 마늘 10g
- 양파 20g • 소금 약간 • 후추 약간
- 백포도주 약간 • 이태리파슬리 1줄기

시험시간

30분

요구사항
Requirements

주어진 재료를 사용하여 다음과 같이 만드시오.

❶ 주어진 재료만을 사용하여 작품을 완성한다.
❷ 재료 손질은 위생적이며 안전하게 이루어져야 한다.
❸ 해산물 손질 시 새우 내장, 홍합 털, 오징어 껍질, 관자 손질을 철저히 한다.
❹ 해산물이 완전히 익도록 한다. 잘 익지 않는 순서대로 넣는다.
❺ 면은 적당히 삶아야 한다.
❻ 면을 삶을 시 소금을 넣어 간하여야 한다.

※ 알덴테 – 끓는 물에 면을 넣어 4~5분 정도 익힌 상태

요리방법
Cooking Method

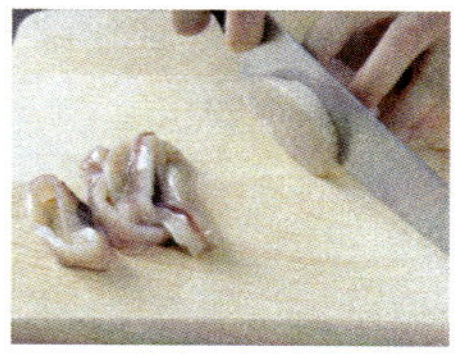
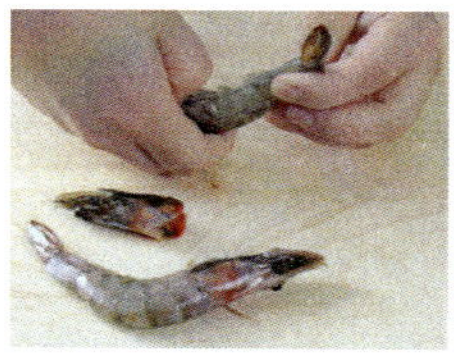

❶ 해산물을 위생적으로 손질하여 그릇에 담아둔다.
❷ 다른 팬에 올리브오일을 두르고 다진 마늘과 양파를 넣고 볶은 뒤 바지락, 홍합, 오징어, 새우, 관자 순으로 넣어 볶아준다. (잘 익지 않는 순서대로 넣어 익혀준다.)
❸ 팬에 해산물을 적당히 익힌 후 백포도주를 넣고 살짝 볶은 뒤 크림, 토마토 소스를 넣고 면을 넣어 소금, 후추로 간을 한다.
❹ 후레쉬 바질, 올리브오일, 이태리파슬리로 장식하여 완성한다.

스파게티 면 삶는 법

❶ 물 1L에 소금 30g(약간 간간한 정도)을 넣고 반드시 끓는 물에 면의 두께에 따라 7분에서 10분 정도 삶는다.
❷ 스파게티 면을 다 삶은 다음 넓은 바닥에 펼쳐 약간의 오일을 넣고 버무려준다.

스파게티 까르보나라

Spaghetti ai Frutti di Mare

재료
Ingredients

- 스파게티 파스타 100g • 굵은소금 10g
- 엑스트라 버진 올리브오일 40g • 달걀노른자 1/2개
- 파마산 치즈 10g • 통후추 약간 • 베이컨 25g
- 버터 5g • 이태리파슬리 1잎
- 우유 120cc • 크림 100cc

시험시간
30분

요구사항
Requirements

주어진 재료를 사용하여 다음과 같이 만드시오.

❶ 주어진 재료만을 사용하여 작품을 완성한다.
❷ 재료 손질은 위생적이며 안전하게 이루어져야 한다.
❸ 달걀노른자 1개, 우유 120cc, 크림 100cc를 섞어 살짝 끓여주어야 한다.
❹ 주어진 이태리파슬리로 가니쉬하고, 곱게 다져 마지막 단계에 넣는다.
❺ 베이컨은 1cm로 잘라야 한다.

※ 알덴테 – 끓는 물에 면을 넣어 4~5분 정도 익힌 상태

요리방법
Cooking Method

❶ 베이컨은 1cm로 자른 후 팬에 바삭하게 구워준 다음 기름기를 뺀다. 통후추는 크러쉬한다.

❷ 파슬리는 곱게 다져 면포를 이용하여 물기를 제거하고 파스타는 끓는 물에 오일과 소금만 넣어 알덴테로 삶아 오일로 버무려 준비한다.

❸ 볼에 달걀노른자 1/2개, 우유 120cc, 크림 100cc를 섞어 잘 휘저어 까르보나라 소스를 만든다.

❹ 팬에 ❸을 넣고 조금 조려지면 삶은 면을 넣어 익히고 걸쭉해질 때쯤 파마산 치즈, 다진 파슬리, 베이컨, 버터, 소금, 후추를 넣고 간을 한다.

❺ 완성된 요리를 접시 중앙에 담고 파슬리로 가니쉬한다.

볼로네즈 소스의 라자냐

Lasagna alla Bolognese

재료
Ingredients

- 소고기 100g • 양파 20g • 마늘 2쪽
- 셀러리 5g • 토마토홀(캔) 3개 • 당근 5g
- 올리브오일 10g • 치킨스톡 150cc • 파마산 치즈 30g
- 월계수 잎 1장 • 밀가루 15g • 버터 15g
- 건로즈마리 1g • 건오레가노 1g
- 이태리파슬리 약간 • 소금 · 후추 약간씩 • 레드와인 10cc
- 강력분 100g • 달걀 1개 • 우유 150cc

시험시간
45분

요구사항
Requirements

주어진 재료를 사용하여 다음과 같이 만드시오.

❶ 주어진 재료만을 사용하여 작품을 완성한다.
❷ 재료 손질은 위생적이며 안전하게 이루어져야 한다.
❸ 소스의 농도는 너무 되직하거나 묽지 않게 조리하여야 한다.
❹ 라자냐의 크기는 주어진 용기에 맞춰 조리되어야 한다.

요리방법
Cooking Method

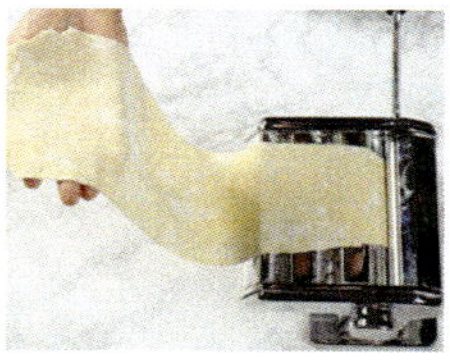

❶ 소스팬에 올리브오일을 둘러 다진 양파와 마늘을 볶고 셀러리, 당근을 볶은 후 소고기를 볶는다.
❷ ❶에 레드와인을 넣어 조리고 다진 토마토 홀과 월계수 잎, 치킨스톡, 로즈마리, 오레가노를 넣어 중불에서 은근히 조린다.(소금, 후추 간)
❸ 팬에 버터와 밀가루를 동량으로 넣어 색이 나지 않게 볶은 뒤 우유를 넣어 저어주고 소스 농도가 되면 체에 걸러 베샤멜소스를 만든다.(150cc)
❹ 달걀과 밀가루를 반죽하여 20분간 휴지시켜 라자냐 면을 만든다.
❺ ❹를 피자 반죽 펴듯 얇게 밀어 용기 사이즈에 맞춰 3장을 준비한다.
❻ 끓는 물에 ❺를 넣고 삶아 찬물에 식힌다.
❼ 용기에 버터를 바르고 면을 깐 후 베샤멜소스 → 미트소스 → 파마산 치즈 순서로 2번 반복하여 속을 채우고 면을 덮어 베샤멜소스 → 미트소스(약간) → 파마산 치즈를 뿌리고 210℃ 오븐에서 굽는다.

Chef's Tip

- 라자냐 보관 시 완전히 식힌 다음 래핑을 한다.

고기와 양송이로 속을 채운 까넬로니

Cannelloni alla Campagnola

재료
Ingredients

- 돼지고기 또는 닭고기 150g • 양파 40g • 마늘 2쪽
- 셀러리 5g • 표고버섯 10g • 방울토마토 80g
- 토마토홀(캔) 80g • 바질 3장 • 생크림 50cc • 당근 5g
- 올리브오일 20g • 치킨스톡 200cc • 파마산 치즈 30g
- 월계수 잎 1장 • 건로즈마리 1g • 레드와인 20cc
- 건오레가노 1g • 이태리파슬리 약간 • 강력분 100g
- 달걀 1개 • 버터 15g • 중력분 15g • 우유 150cc

시험시간

45분

요구사항
Requirements

주어진 재료를 사용하여 다음과 같이 만드시오.

❶ 주어진 재료만을 사용하여 작품을 완성한다.
❷ 재료 손질은 위생적이며 안전하게 이루어져야 한다.
❸ 완성된 까넬로니는 2개를 제출하여야 한다.
❹ 면이 너무 두껍지 않게 하고 너무 얇아 찢어지지 않게 하여야 한다.

요리방법
Cooking Method

❶ 소스팬에 오일을 두르고 다진 양파, 마늘, 버섯, 고기 순으로 볶는다.
❷ ❶에 레드와인, 치킨스톡, 생크림, 건로즈마리, 건오레가노를 넣고 고기가 부드러워질 때까지 조린다.
❸ ❷를 블렌더로 곱게 갈아 속재료를 완성한다.(매쉬감자 농도)
❹ 토마토 홀과 방울토마토는 0.5×0.5cm 크기로 자르고 마늘과 양파, 파슬리는 다진다.
❺ 팬에 올리브오일을 두르고 ❹의 다진 마늘, 양파를 볶고 토마토 홀과 방울토마토를 볶는다.
❻ ❺에 치킨스톡과 바질을 넣고 토마토가 익도록 은근히 끓여 농도가 적당해지면 소금과 후추로 간하여 토마토 소스를 완성한다.
❼ 달걀과 밀가루를 반죽하여 20분간 휴지시켜 까넬로니 반죽을 만든다.
❽ ❼을 피자 반죽 펴듯 얇게 밀어 12×13cm 크기로 잘라 삶는다.
❾ 팬에 버터와 밀가루를 동량으로 넣어 색이 나지 않게 볶아 우유, 월계수 잎을 넣어 저어주고 소스 농도가 되면 체에 걸러 베샤멜소스를 완성한다.
❿ 속재료를 짤주머니에 넣어 면 위에 짜고 김밥 말듯 말아준다.
⓫ 용기에 ❿을 담고 베샤멜소스, 토마토 소스, 파마산 치즈를 뿌려 210℃에서 8~12분간 익힌다. → 보기 좋게 담아 제공한다.

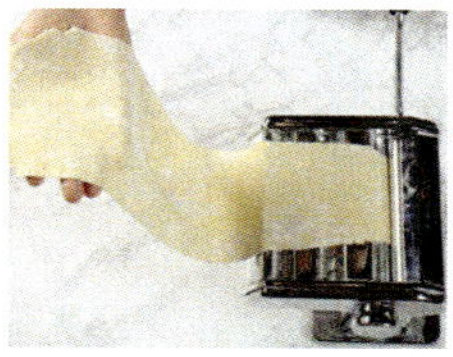

링귀네 알레 봉골레

Linguine alle Vongole

재료
Ingredients

- 링귀네 파스타 100g • 굵은소금 10g
- 엑스트라 버진 올리브오일 40g • 해감 모시조개 15개
- 백포도주 50g • 마늘 3개 • 이탈리아산 홍고추 3개
- 이태리파슬리 2줄기 • 검은 후추 약간 • 소금 약간

시험시간
30분

요구사항
Requirements

주어진 재료를 사용하여 다음과 같이 만드시오.

❶ 주어진 재료만을 사용하여 작품을 완성한다.
❷ 재료 손질은 위생적이며 안전하게 이루어져야 한다.
❸ 마늘은 굵게 다져서 사용한다.
❹ 주어진 이태리파슬리로 가니쉬하고, 곱게 다져 마지막 단계에 넣는다.
❺ 삶아 놓은 물 150cc는 한번에 넣지 말고, 조리 시 여러 번에 나누어 넣는다.
❻ 마지막 단계에서는 올리브오일을 넣어 맛과 향을 낸다.
❼ 바질은 Julienne로 잘라 사용한다.

※ 알덴테 – 끓는 물에 면을 넣어 4~5분 정도 익힌 상태

요리방법
Cooking Method

❶ 물 200cc에 해감 모시조개 1/2을 넣고 입이 벌어질 때까지 익힌 뒤 분리하여 봉골레 스톡을 만든다.

❷ 끓는 물에 소금간을 한 후 파스타를 넣어 알덴테로 삶아 오일을 넣고 버무려준다.

❸ 팬에 올리브오일을 두르고 다진 마늘, 조개, 고추를 볶은 후 화이트와인, 바질, 육수를 넣고 소스를 만들어 놓는다.

❹ 삶은 파스타 면을 넣고 잘 버무려준 후 마지막 단계에서 올리브오일과 다진 파슬리를 넣어 맛과 향을 낸다.

❺ 완성된 요리를 접시 중앙에 담고 파슬리로 장식하여 낸다.

펜네 볼로네제 소스

Penne alla Bolognese Sauce

재료
Ingredients

- 소고기 60g • 양파 20g • 마늘 4쪽 • 셀러리 5g
- 캔토마토 3개 • 당근 5g • 펜네 면 90g
- 올리브오일 20g • 비프스톡 150cc
- 파마산 치즈(간 것) 30g • 월계수 잎 1장
- 건로즈마리 1g • 건오레가노 1g
- 이태리파슬리 1잎 • 소금 약간 • 후추 약간 • 레드와인 약간

시험시간
35분

요구사항
Requirements

주어진 재료를 사용하여 다음과 같이 만드시오.

❶ 주어진 재료만을 사용하여 작품을 완성한다.
❷ 재료 손질은 위생적이며 안전하게 이루어져야 한다.
❸ 양파와 마늘은 다지고 셀러리, 당근은 0.2cm, 소고기와 닭고기는 0.5cm로 다지시오.
❹ 가니쉬는 이태리파슬리를 사용하시오.
❺ 펜네 면은 너무 삶아 퍼지지 않도록 하시오.
❻ 볼로네제 소스(미트소스)의 농도가 적당해야 한다.

요리방법
Cooking Method

❶ 뜨거운 냄비에 올리브오일을 두르고 다진 양파와 당근, 마늘, 버섯을 넣어 볶는다.

❷ 뜨거운 팬에 쇠고기와 닭고기를 넣고 갈색이 나게 볶아서 기름을 뺀다.

❸ 파스타는 소금을 넣어 간한 다음 알덴테로 삶아 오일을 버무려 준비한다.

❹ ❶, ❷ 모든 재료를 혼합하여 레드와인을 조린 후 토마토 소스, 향신료 육수를 넣고 약한 불에 은근히 조려 소금, 후추 간을 한다.

❺ 조려진 소스에 펜네 면을 넣고 잘 버무려준 후 이태리파슬리, 파마산 치즈가루를 넣어 완성한다.

파프리카 소스의 라비올리

Ravioli con Salsa alla Paprika

재료
Ingredients

- 돼지고기 또는 닭 150g
- 양파 20g
- 마늘 2쪽
- 셀러리 5g
- 표고버섯 20g
- 토마토홀(캔) 3개
- 생크림 130cc
- 당근 5g
- 버터 10g
- 올리브오일 10g
- 치킨스톡 150cc
- 파마산 치즈 30g
- 월계수 잎 1장
- 건로즈마리 1g
- 건오레가노 1g
- 홍파프리카 1/2개
- 화이트와인 15ml
- 레드와인 10cc
- 강력분 100g
- 달걀 1개
- 바질 약간
- 소금 · 후추 약간씩

시험시간
45분

요구사항
Requirements

주어진 재료를 사용하여 다음과 같이 만드시오.

❶ 주어진 재료만을 사용하여 작품을 완성한다.
❷ 재료 손질은 위생적이며 안전하게 이루어져야 한다.
❸ 완성된 라비올리는 4개를 제출하시오.
❹ 면이 너무 두껍지 않게 하고 너무 얇아 찢어지지 않게 하여야 한다.

요리방법
Cooking Method

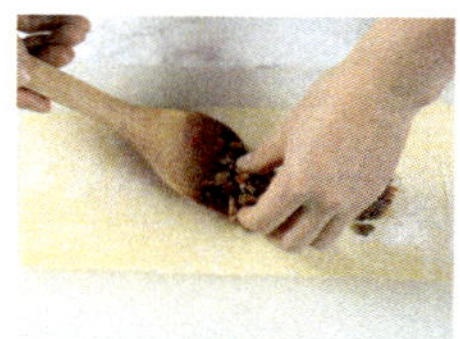

❶ 파프리카를 제외한 모든 채소와 고기는 다진다.
❷ 파프리카는 태워 껍질과 씨 등을 제거한다.
❸ 소스팬에 오일을 두르고 다진 마늘과 양파를 먼저 볶고 셀러리, 당근, 표고, 고기 순서로 볶는다.
❹ ❸에 레드와인, 치킨스톡, 생크림(50cc), 건로즈마리, 건오레가노를 넣고 조려서 고기가 부드러워지도록 한다.
❺ ❹를 블렌더에 곱게 갈아 속재료를 완성한다.(매쉬감자 농도)
❻ 팬에 버터를 두르고 양파를 볶다가 화이트와인으로 플랑베하여 파프리카와 생크림을 넣고 끓여 소금과 후추로 간한다.
❼ ❻을 블렌더로 곱게 갈아 체에 거른다.(파프리카소스)
❽ 물과 밀가루(1:2)를 반죽하여 20분간 휴지시켜 피자 반죽 펴듯이 밀어준다.
❾ ❽을 7×7cm 크기로 잘라 소를 넣고 덮어 속재료가 빠지지 않게 가장자리를 포크로 눌러 라비올리를 완성한다.
❿ ❾의 라비올리를 끓는 물에 삶아 찬물에 식힌 후 수분을 제거한다.
⓫ 파프리카소스에 라비올리를 넣고 끓여 적당한 농도가 되면 그릇에 담고 파마산 치즈와 바질을 올린다.

감자 뇨끼에 크림 고르곤졸라 소스

Gnocchi di Patate

재료
Ingredients

- 감자 80g • 밀가루 80g • 파마산 치즈 80g
- 달걀노른자 1개 • 고르곤졸라 치즈 20g • 생크림 100cc
- 이태리파슬리 1 줄기 • 버터 20g • 올리브오일 약간
- 소금 약간 • 후추 약간 • 넛멕(육두구) 약간

시험시간
45분

요구사항
Requirements

주어진 재료를 사용하여 다음과 같이 만드시오.

❶ 주어진 재료만을 사용하여 작품을 완성한다.
❷ 재료 손질은 위생적이며 안전하게 이루어져야 한다.
❸ 감자, 밀가루, 파마산 치즈의 양을 1:1:1로 한다.
❹ 고르곤졸라 치즈는 완벽하게 녹여서 사용한다.
❺ 뇨끼의 모양이 일정하도록 한다.

요리방법
Cooking Method

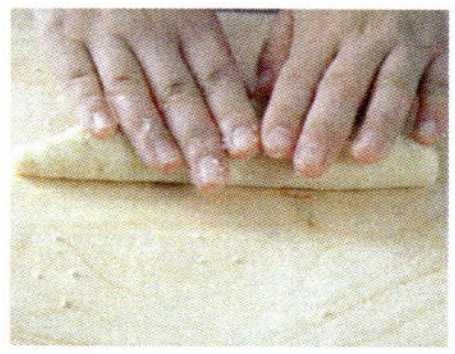

❶ 감자는 껍질째 삶아서 껍질을 벗기고 뜨거울 때 곱게 으깬다.
❷ 곱게 으깬 감자에 밀가루, 달걀노른자, 육두구, 파마산 치즈, 소금, 후추를 넣고 여러 번 치대면서 반죽한다.
❸ 뇨끼를 가래떡처럼 지름 1.5cm 정도로 길고 둥글게 반죽하여 길이 1.5cm로 자르고 붙지 않게 밀가루를 뿌려준다.
❹ 소금을 넣어 만든 뇨끼를 넣고 다 익어 떠오르면, 건져서 찬물에 식혀 체에 밭쳐 여분의 물기를 빼준다.
❺ 프라이팬에 생크림과 고르곤졸라 치즈를 넣고 치즈가 녹으면 준비된 뇨끼를 넣고 소금, 후추를 넣어 농도를 조절해 완성해 준다.
❻ 스파게티 그릇에 완성품을 담고 파슬리가루와 파마산 치즈가루를 뿌려서 완성한다.

버섯을 넣은 리소토

Risotto al Funghi

재료
Ingredients

- 생크림 30g • 양파 20g • 표고버섯 20g
- 양송이버섯 20g • 치킨스톡 250ml • 버터(무염) 10g
- 파마산 치즈 20g • 올리브오일 20ml
- 이태리파슬리 1줄기 • 마늘 2쪽 • 소금 약간
- 후추 약간 • 불린 쌀 100g • 타임 약간

치킨스톡

- 물 300cc + 치킨베이스 2g

시험시간
40분

요구사항
Requirements

주어진 재료를 사용하여 다음과 같이 만드시오.

❶ 주어진 재료만을 사용하여 작품을 완성한다.
❷ 재료 손질은 위생적이며 안전하게 이루어져야 한다.
❸ 쌀이 적당하게 익어야 한다.(알덴테, Al dente)
❹ 쌀이 익되 스티치 성분이 많이 풀리면 안 된다.(알론다, All'onda)
❺ 완성된 작품의 농도가 묽지 않도록 한다.

요리방법
Cooking Method

❶ 표고버섯은 슬라이스하고 양송이버섯은 다진다.
❷ 프라이팬에 올리브오일을 두른 후 다진 양파, 마늘을 노릇노릇할 때까지 볶다가 손질한 버섯과 쌀을 넣고 볶는다.
❸ 볶아진 쌀에 타임, 치킨스톡을 조금씩 넣어 조린 후 생크림, 버터, 파마산 치즈, 소금, 후추 간을 하고 알론다(All'onda) 농도를 만든다.
❹ 완성접시에 리소토를 얹고 파마산 치즈를 뿌린 다음 파슬리로 가니쉬한 후 완성한다.

도미 카르토치오

Dentice al Cartoccio

재료

Ingredients

- 엑스트라 버진 올리브오일 40g
- 도미살 130g • 소금 · 후추 약간씩 • 통마늘 2개
- 링으로 자른 양파 ½개 • 백포도주 10g
- 링으로 자른 토마토 ½개 • 바질 1줄기
- 검은 올리브 3알 • 케이퍼 5알
- 건오레가노 약간 • 쿠킹호일 70cm

시험시간

35분

요구사항
Requirements

주어진 재료를 사용하여 다음과 같이 만드시오.

❶ 주어진 재료만을 사용하여 작품을 완성한다.
❷ 재료 손질은 위생적이며 안전하게 이루어져야 한다.
❸ 호일을 접을 때 바람이 새어나가지 않도록 호일주머니를 잘 만들어야 한다.

요리방법
Cooking Method

❶ 토마토와 양파는 두께 1cm가 되도록 썰어 2쪽 준비하고 팬에 올리브오일을 두르고 살짝만 굽는다.

❷ 도미는 2등분하여 소금과 후추로 간을 하고, 팬에 올리브오일과 도미를 색깔이 나도록 살짝 굽는다.

❸ 쿠킹호일을 반으로 접었다가 펴서 한쪽 면에 올리브오일을 뿌리고, 그 위에 양파를 깔고 양파 위에 도미를 얹어 다진 오레가노와 백포도주를 뿌리고 그 위에 토마토를 얹는다. 케이퍼와 검은 올리브, 마늘, 바질을 같이 놓고 반대쪽 호일을 덮는다. (호일주머니 만드는 방법)

❹ 호일의 가장자리를 접어서 공기가 새어나가지 않도록 빵빵하게 접어주고 오븐에 넣고 180℃에서 7분 정도 굽는다.

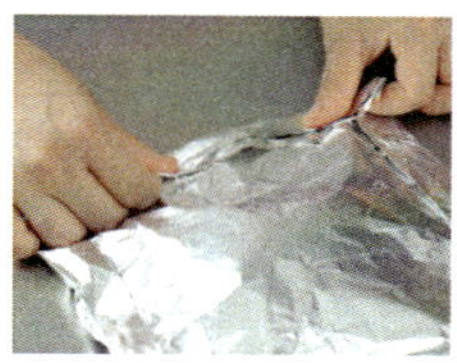

❺ 호일에 싼 채로 메인 접시에 담아낸다.

토마토를 넣은 닭고기 카차토레

Pollo alla Cacciatore

재료
Ingredients

- 닭(다리+가슴살) 180g • 양파 10g • 마늘 5g
- 당근 10g • 셀러리 10g • 청피망 10g • 홍피망 10g
- 표고버섯 10g • 양송이버섯 10g • 치킨스톡 100cc
- 토마토홀(캔) 50g • 화이트와인 15cc • 중력분 20g
- 올리브오일 10g • 이태리파슬리 1줄기
- 소금 · 후추 약간씩

시험시간
25분

요구사항
Requirements

주어진 재료를 사용하여 다음과 같이 만드시오.

❶ 주어진 재료만을 사용하여 작품을 완성한다.
❷ 재료 손질은 위생적이며 안전하게 이루어져야 한다.
❸ 닭고기에 소스가 잘 스며들 수 있도록 조리되어야 한다.

요리방법
Cooking Method

❶ 마늘, 양파, 토마토는 다지고 나머지 채소는 쥘리앙으로 썬다.
❷ 소스팬에 올리브오일을 두르고 다진 마늘, 양파를 볶다가 토마토를 제외한 나머지 채소를 볶은 후 토마토, 레드와인, 치킨스톡을 끓여 소스를 만든다.
❸ 닭은 적당한 크기로 잘라 소금, 후추로 양념하여 밀가루를 묻혀 팬에서 노릇하게 굽는다.
❹ ❷에 ❸을 넣고 닭고기가 익을 때까지 조리면서 농도와 간을 맞춘다.
❺ 이태리파슬리를 뿌려 제공한다.

닭 가슴살 구이에 피망 크림소스

Petto di Pollo Grigliato con Salsa di Crema di Bell Pepper

재료
Ingredients

- 닭 가슴살 140g
- 이태리파슬리 약간
- 소금 · 후추 약간씩
- 굵은소금 약간
- 페투치네 40g
- 치킨스톡 30g
- 마늘 2쪽
- 백포도주 약간
- 토마토 콩까세 1/4개
- 다진 마늘 5g
- 다진 양파 10g
- 레드파프리카 ½개
- 버터 10g
- 후레쉬 바질 1줄기
- 생크림 40ml
- 올리브오일 15ml

시험시간
30분

요구사항
Requirements

주어진 재료를 사용하여 다음과 같이 만드시오.

❶ 주어진 재료만을 사용하여 작품을 완성한다.
❷ 재료 손질은 위생적이며 안전하게 이루어져야 한다.
❸ 페투치네는 굵은소금을 넣어 4분 정도 삶는다.

요리방법
Cooking Method

❶ 닭 가슴살에 소금, 후추로 간을 하고 밀가루를 묻혀 팬에 올리브오일을 두르고 닭 가슴살이 익을 때쯤 버터를 넣어 연한 색깔을 낸 다음 180℃ 오븐에서 완전히 익힌다.

❷ 파프리카는 직화로 구워 껍질을 제거하고 곱게 다진 후 팬에 올리브오일과 버터를 넣고 마늘과 양파 다진 것을 볶다가 껍질을 제거한 파프리카, 치킨스톡과 생크림을 넣고 조린 후 체에 내려 소스를 완성한다.

❸ 올리브오일을 두른 팬에 슬라이스한 마늘을 갈색이 나도록 볶다가 삶은 페투치네 파스타를 넣고 스톡, 소금, 후추를 조금씩 넣으면서 페투치네 면을 완성한다.

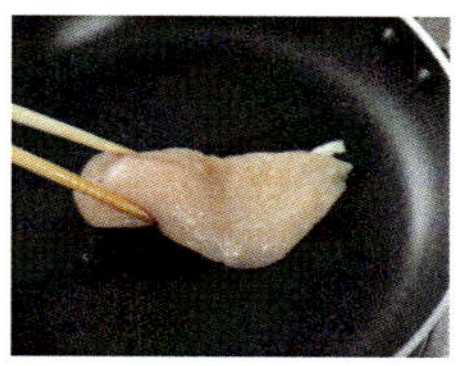

❹ 다른 팬에 ❷의 소스를 넣고 닭 가슴살은 버무려 페투치네와 함께 얹고 바질과 이태리파슬리로 가니쉬한다.

밀라노식 양갈비 커틀릿

Costolette D'agnello alla Milanese

재료
Ingredients

- 양갈비 2쪽 • 마늘 10g • 양파 20g • 빵가루 50g
- 밀가루 10g • 후레쉬 로즈마리 10g • 시금치 50g
- 방울토마토 20g • 감자 100g • 버터 30g • 달걀 1개
- 파마산 치즈 10g • 올리브오일 30ml
- 이태리파슬리 10g • 생크림 30ml
- 넛멕 2g • 소금 · 후추 약간씩

시험시간
40분

요구사항
Requirements

주어진 재료를 사용하여 다음과 같이 만드시오.

❶ 주어진 재료만을 사용하여 작품을 완성한다.
❷ 재료 손질은 위생적이며 안전하게 이루어져야 한다.
❸ 양갈비의 속을 완전히 익힌다.
❹ 매쉬 포테이토를 만들어 사용한다.
❺ 시금치를 볶을 때 방울토마토도 같이 넣어 색을 낸다.

요리방법
Cooking Method

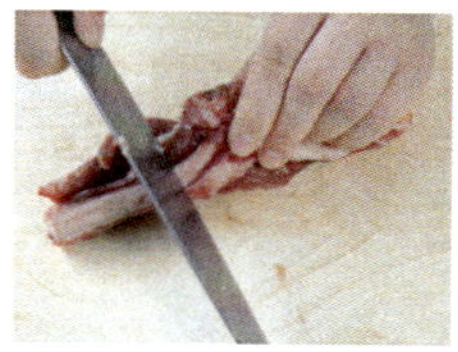

❶ 감자를 삶은 후 껍질을 제거한다. 다른 팬에 감자, 넛멕(육두구), 생크림, 버터를 넣고 소금, 후추간을 하여 매쉬 포테이토를 만든다.
❷ 방울토마토는 4등분, 마늘, 양파, 로즈마리, 파슬리는 다져서 준비해 둔다.
❸ 빵가루에 파슬리, 로즈마리, 다진 마늘, 파마산 치즈가루를 넣고 섞은 다음 양갈비는 트리밍한 후 소금, 후추간을 하여 양갈비에 빵가루를 입혀 준비한다.
❹ 시금치는 깨끗이 씻어 뿌리부분을 잘라내고 수분을 제거한다. 팬에 올리브오일을 두른 후 다진 마늘, 양파를 볶다가 시금치와 방울토마토 순서로 볶고 소금, 후추간을 한다.
❺ 팬을 달군 후, 올리브오일을 두르고 양갈비를 익히고 색을 내기 위해 버터를 넣고 구워준다.
❻ 접시에 양갈비 커틀릿을 올리고 위에 시금치와 토마토 볶은 것을 가니쉬하고 매쉬 포테이토를 짜서 모양을 내어 가니쉬한다.

레드와인 소스를 곁들인 소 안심 스테이크

Filetto di Manzo

재료
Ingredients

- 소고기 안심 150g • 그린파프리카 15g
- 레드파프리카 15g • 옐로우파프리카 15g • 양파 10g
- 마늘 2쪽 • 알감자 2개 • 소금 · 후추 약간씩
- 레드와인(마살라와인 또는 포트와인)
- 버터 10g • 이태리파슬리 1줄기 • 설탕 약간
- 후레쉬 로즈마리 2줄기 • 통후추 약간
- 올리브오일 20g • 데미글라스 소스 10g

시험시간
35분

요구사항
Requirements

주어진 재료를 사용하여 다음과 같이 만드시오.

❶ 주어진 재료만을 사용하여 작품을 완성한다.
❷ 재료 손질은 위생적이며 안전하게 이루어져야 한다.
❸ 고기는 저열로 색깔을 내면서 미디엄으로 익힌다.
❹ 소스는 단맛이 나는 적당한 농도가 되어야 한다.

요리방법
Cooking Method

❶ 소스팬에 올리브오일을 두른 다음 다진 양파, 마늘을 볶다가 로즈마리를 넣고 레드와인과 버터, 설탕을 조금 넣은 후 데미글라스를 넣고 조리면서 소금과 후추를 넣어 소스를 완성한다.
❷ 손질한 안심에 소금, 통후추를 으깨어 표면에 묻힌다.
❸ 프라이팬에 올리브오일을 두른 다음 안심의 표면이 갈색이 될 때까지 서서히 익힌다.
❹ 올리브오일에 4등분한 감자와 통마늘이 익을 때쯤 로즈마리를 넣고 살짝 볶아서 가니쉬로 준비한다.
❺ 피망을 직화열에 구운 뒤 찬물에 식혀 껍질을 제거한 뒤, 올리브오일을 두른 뒤 피망을 팬에 살짝 구워 소금, 후추로 간해준다.
❻ 준비한 메인접시에 소스를 깔고 야채로 가니쉬한 후 그 위에 스테이크를 올려 통마늘과 로즈마리로 모양을 낸 뒤 나머지 소스를 뿌려주고, 이태리파슬리와 로즈마리로 가니쉬한다.

마르게리따 피자

Pizza Margherita

재료
Ingredients

- 강력분 120g • 물 45cc • 올리브오일 5g
- 소금 · 후추 약간씩 • 홀토마토 4쪽 • 양파 10g
- 마늘 5g • 잘게 자른 모차렐라 치즈 50g
- 파마산 치즈 20g • 오레가노 1g
- 후레쉬 바질 1잎 • 건이스트 1g

시험시간
45분

요구사항
Requirements

주어진 재료를 사용하여 다음과 같이 만드시오.

❶ 주어진 재료만을 사용하여 작품을 완성한다.
❷ 재료 손질은 위생적이며 안전하게 이루어져야 한다.
❸ 홀토마토는 물기를 완전히 제거한다.
❹ 도우가 질어지지 않도록 유의한다.
❺ 도우의 두께가 두껍지 않도록 유의한다.
❻ 토핑의 양에 유의한다.
❼ 지름 23cm 정도의 도우를 만든다.

요리방법
Cooking Method

❶ 믹싱볼에 강력분 밀가루를 체에 거르고 물, 올리브오일, 소금, 건이스트를 넣고 잘 휘저어 반죽을 한다.

❷ 반죽을 둥글게 성형한 다음 비닐봉지에 넣어 약 10~15분 정도 미지근한 온도에 발효시킨다.

❸ 마늘과 양파를 다져서 오일팬에 볶다가 다진 토마토를 넣은 다음 소금, 후추로 간을 하여 올리브오일, 바질, 오레가노를 넣고 조려서 피자 소스를 완성한다.

❹ 발효시킨 반죽을 둥글게 피자모양으로 밀가루를 발라가면서 모양을 내어 피자팬에 넣고 포크로 도우에 구멍을 내고 토핑소스를 고루 펼쳐서 바른 다음 모차렐라 치즈와 파마산 치즈를 올린다.

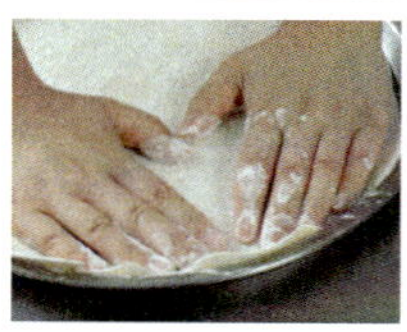

❺ 예열 전 오븐에서 180℃에 12분 정도 구운 다음 완성된 피자를 그릇에 담고 후레쉬 바질을 올려 완성한다.

아마레띠

Amaretti

재료
Ingredients

- 아몬드가루 60g
- 분설탕A 50g
- 달걀흰자 20g
- 분설탕B 30g
- 아마레토 시럽 소량

시험시간
30분

요구사항
Requirements

주어진 재료를 사용하여 다음과 같이 만드시오.

❶ 주어진 재료만을 사용하여 작품을 완성한다.
❷ 재료 손질은 위생적이며 안전하게 이루어져야 한다.

요리방법
Cooking Method

❶ 아몬드가루와 분설탕A의 반을 섞어둔다. 다른 볼에는 분설탕B를 넣어둔다.

❷ 깨끗한 볼에 달걀흰자를 넣고 휘핑하다가 분설탕A의 절반 정도를 나누어가며 넣어 휘핑한다. 여기에 아몬드가루와 나머지 분설탕A를 섞어둔 것과 아마레토 시럽을 소량 넣은 다음 가볍게 섞는다. 이것을 총 6등분한다. 손에 분설탕B를 묻혀가며 조금씩 떼어 분설탕B에 묻혀 오븐팬에 놓고 자연스럽게 손가락으로 살짝 눌러 우물정자 모양을 낸다.

❸ 170℃ 오븐에서 10분 정도 표면이 살짝 갈라지게 굽는다.

❹ 다 식으면 접시에 담고 슈거파우더를 살짝 뿌려준다.

판나코타

Panna Cotta

재료
Ingredients

• 생크림 40g • 우유 30g • 설탕 10g • 판 젤라틴 1장
• 캐러멜시럽(설탕 50g, 물 25g) • 바닐라에센스 1g
• 후레쉬 민트 • 종이컵 1개

시험시간
45분

요구사항
Requirements

주어진 재료를 사용하여 다음과 같이 만드시오.

❶ 주어진 재료만을 사용하여 작품을 완성한다.
❷ 재료 손질은 위생적이며 안전하게 이루어져야 한다.
❸ 모양은 가장 좋은 것으로 한 개 제출한다.
❹ 반드시 나무주걱으로 젓는다.

요리방법
Cooking Method

❶ 판 젤라틴은 찬물에 불려 물기를 꼭 짜둔다.

❷ 팬에 설탕을 넣고 녹이며 캐러멜 색이 나기 시작하면 끓는 물을 조금씩 넣어 농도를 맞춘다. 1/2 정도는 준비된 종이컵 바닥에 넣어 살짝 굳힌다.

판나코타 만들기

❶ 우유와 생크림, 설탕을 데우다 불린 젤라틴을 넣고 녹인다. 시럽을 넣은 종이컵에 붓고 찬물 또는 얼음물에 식힌 후 냉장고에서 15~20분 정도 굳힌다.

❷ 남은 캐러멜 시럽은 제출할 그릇 바닥에 모양내어 준비한다.

❸ 종이컵 바깥쪽을 미지근한 물에 살짝 담가 녹인 후 종이컵을 뒤집어 내용물을 꺼내 접시에 담아 완성하고 후레쉬 민트로 가니쉬한다.

참/고/문/헌

고봉호 외, 브런치 카페의 서비스품질이 고객만족과 재방문 의도에 미치는 영향에 관한 연구, 식공간연구학회, 12(1), 2017

김진 외, 조리용어사전, 광문각, 2007

네이버지식백과 / 두산음식백과 / 다음백과 / 세계음식명백과

농수산식품유통공사, (사)한국외식산업경영연구원 / 우수식재료디렉토리

레저산업진흥연구소, 호텔용어사전, 백산출판사, 2008

류무희, 브런치메뉴 푸드스타일링 속성이 소비자선호도 및 만족도에 미치는 영향, 외식경영학회, 20(3), 2017

(사)한국식음료외식조리교육협회, NCS 양식조리기능사 & 이태리요리전문가, 백산출판사, 2018

NCS 국가직무능력표준 학습모듈, 양식기초조리실무, LM1301010216_16v3

염진철 외, 사진으로 보는 전문조리용어 해설, 백산출판사, 2008

채범석 외, 영양학사전, 아카데미서적, 1998

프랜시스 케이스, 죽기 전에 꼭 먹어야 할 세계 음식 재료 1001, 마로니에북스, 2009

한국식품과학회, 식품과학기술대사전, 광일문화사, 2008

한춘섭 외, 정통이태리요리, 백산출판사, 2011

저자와의
합의하에
인지첩부
생략

창업을 위한 카페 브런치 & 이태리요리 전문가

2019년 4월 10일 초판 1쇄 발행
2024년 5월 31일 초판 7쇄 발행

지은이 (사)한국식음료외식조리교육협회
감　수 민경천
펴낸이 진욱상
펴낸곳 백산출판사
교　정 편집부
본문디자인 신화정
표지디자인 오정은

등　록 1974년 1월 9일 제406-1974-000001호
주　소 경기도 파주시 회동길 370(백산빌딩 3층)
전　화 02-914-1621(代)
팩　스 031-955-9911
이메일 edit@ibaeksan.kr
홈페이지 www.ibaeksan.kr

ISBN 979-11-5763-842-0 13590
값 18,000원